Bauwelt Fundamente 28

Herausgegeben von Ulrich Conrads
unter Mitarbeit von
Gerd Albers, Adolf Arndt,
Lucius Burckhardt, Werner Kallmorgen,
Hermann Mattern, Julius Posener,
Hans Scharoun

Philippe Boudon

Die Siedlung Pessac — 40 Jahre Wohnen à Le Corbusier

Sozio-architektonische Studie

Bertelsmann Fachverlag

Titel der französischen Originalausgabe: Pessac de Le Corbusier
Collection ASPECTS de l'URBANISME. 1. Auflage 1969. Dunod, Paris
Aus dem Französischen von Friederike Fecht

© 1971 Verlagsgruppe Bertelsmann GmbH/Bertelsmann Fachverlag,
Gütersloh · 1
Umschlagentwurf von Helmut Lortz
Gesamtherstellung Mohndruck Reinhard Mohn OHG, Gütersloh
Alle Rechte vorbehalten
Printed in Germany · ISBN 3 570 08628 3

Inhalt

Einführung zur deutschen Ausgabe [und Ergänzung]   7
Vorwort   11
Einleitung   13

Teil I

1 Die Geschichte des Projektes   18
2 Die Reaktionen der zeitgenössischen Presse   29
3 Die Konzeption Le Corbusiers für Pessac   37
   Der zeitgenössische architektonische Kontext und die Konzeption Le Corbusiers   37
   Funktionalismus und Maschinenpoesie   40
   Serie und Normung   41
   Von der baulichen Anlage zur städtebaulichen Komposition   44
   Architektur und Wohnen   47

Teil II

4 Methode   55
   Einführung bei den Einwohnern   61
   Über die Vermittlung der Interviews an den Leser   62
5 Gruppendiskussion   66

Der Mißerfolg von Pessac 66
Die Persönlichkeit Le Corbusiers 69
Rollentausch in der Diskussion 70
Zwei besondere Themen 72
    Architektur und Wohnung 73
    Betonarchitektur und militärische Verteidigung 75
6 Die Interviews:
die Elemente des Hauses und das Haus als Ganzes 78
7 Die Interviews:
die Vorstellung der Einwohner 87
Die Anfangseindrücke: befremdlich und fremdländisch 87
Der regionale Prototyp: die »échoppe« 90
Das Äußere und die innere Aufteilung 93
Die Vorstellung der Befragten vom Architekten 96
Le Corbusier, sein Stil und der »Stil« 98
Das vergängliche Bild von Pessac 102
8 Die Interviews:
Konfrontation mit der architektonischen Konzeption 104
Die Normung 104
Die »Wohnmaschine«, Funktionalismus und Rationalismus.
Diskrepanz zwischen Denken und Handeln beim Architekten
und bei den Einwohnern 107
Die Umbauten: das »Konstruktionsspiel« 110
Pessac, ein offenes Werk 117
Vergleich mit der Gruppendiskussion 120
9 Die Interviews:
räumliche und soziale Verhältnisse im Viertel 126
Individuell und kollektiv 126
Unsichtbare Aufteilung des Viertels in Zonen 131
Die Wohnlage der Einwohner innerhalb des Viertels 137
Die Lage der Häuser im Viertel und
die Veränderung der Häuser 146
Zusammenfassung 153

Anhang

Rede Le Corbusiers zur Einweihung der
»Quartiers Modernes Frugès« 158

Literaturverzeichnis 161

Fotos 163

Einführung zur deutschen Ausgabe [und Ergänzung]

Die vorliegende Arbeit von Philippe Boudon würde unterschätzt werden, wenn man sie ausschließlich von dem her bewertete, was sie in Text, Zeichnung und Photographie unmittelbar bietet, und wenn man nicht das einbezieht, was die vermittelten Materialien an Wirkungspotential enthalten. Daß dieses Potential erkennbar ist, wird durch Henri Lefebvres Vorwort angedeutet, welches mit dem Satz schließt: »C'est ainsi qu'elle (l'étude) fera date.« Hielte ich diesen Satz für nichts denn eine freundliche Geste gegenüber dem Verfasser, so hätte ich nicht die Anregung gewagt, dieses Buch in deutscher Sprache herauszugeben. Seit dem Erscheinen des französischen Originals ist etwas mehr als ein Jahr vergangen, währenddessen das Werk Wirkungen getan hat, die zu nennen sich lohnt. So wird es möglich, Henri Lefebvres Spekulation nachträglich als eine Voraussage einzustufen. Was Boudons Arbeit latent enthält, erfuhr ich in einem Unterrichtsgespräch mit einer Gruppe belgischer Studenten. Sie griffen scharf den Funktionalismus an, so wie er etwa vom Bauhaus gepredigt worden ist. Sie weigerten sich schlankweg, weiterhin Entwürfe anzufertigen, denen man das Prädikat »funktionsgerecht« geben könnte. Sie begründeten ihre Ablehnung der funktionalen Architektur mit der Arbeit eines gewissen Boudon, der in der Siedlung Pessac unter anderem herausgefunden habe, daß es nicht die Erfüllung von Wohnfunktionen sei, die dem Bewohner die »Aneignung« seiner Wohnung erleichtere, sondern daß dazu den Bewohnern eine Chance gegeben werden müsse, die Wohnung durch Veränderung, durch Umbau sich anzupassen. Ja, noch schlimmer, es sei gerade die Art von Funktionalität im Sinne des Funktionalismus, die man als eines der wirksamsten Mittel der Verfremdung und der »Enteignung« betrachten müsse. Selbst ein weiterentwickelter Funktionalismus, wie er etwa durch Begriffe wie Flexibilität, Mobilität, Variabilität von Bauten und Bauteilen sich eingeführt habe, trüge nicht bei zur Wiedervereinigung der Umwelt (environnement) durch ihre Bewohner. Außerdem habe man aus Boudons Buch gelernt, daß Wohnen nicht heißt, Unterkunft zu finden in dem, was man Wohnung zu nennen pflegt, sondern teilzuhaben an einem sozialen Gefüge in einem wie auch immer begrenzten Gebiet, z. B. in einem Stadtteil. Dort gäbe es toposoziologische Phänomene, welche bisher kaum erforscht seien.

Bereits diese Reaktionen auf das Buch gingen zum Teil über das von Boudon explizit Gesagte hinaus. Mehr noch verlängerten die Studenten die Zielsetzung des Buches, als sie auf der Basis der Boudonschen Entwicklungen die Frage der Partizipation neu stellten und neu zu beantworten suchten. Sie sahen in Partizipation nunmehr eine Aktion mit physischen, materiellen Komponenten, eine Aktion, provoziert durch Umweltverhältnisse, welche den Bewohnern unzureichend oder gar widerwärtig erscheinen. Boudon selbst hat seine Erfahrungen mit Pessac in einem Artikel der Zeitschrift »l'architecture d'aujourd'hui« gleichsam ein zweites Mal reflektiert, als er den Aspekt der physischen, materiellen Aktion gegenüber einer fertig gelieferten »funktionellen« Umwelt behandelte.

Noch eine weitere Wirkung von Philippe Boudons Arbeit ist wert, mitgeteilt zu werden, obwohl sie nahezu ganz ins Feld der Emotionen gehört. Die Siedlung Pessac ist – oder besser sie war – immerhin ein Werk von Le Corbusier. Mit einer gewissen Genugtuung nahmen die Studenten auf, daß am Denkmal dieses besonders im französischsprachigen Raum verehrten Architektur-Patriarchen einige bisher unbemerkte Erosionen stattgefunden hatten, indem seine Architektur von ein paar kleinen französischen Bastlern nicht nur kritisiert, sondern verändert und teilweise zerstört wurde. Den Studenten tat die Reduktion der Vaterfigur sichtlich gut. Es hieße aber Boudons Erfahrungen mit Pessac mißdeuten, wollte man daraus ableiten, daß Le Corbusier an den Vorgängen keinen Anteil habe. Wenn man die Äußerungen der Bewohner so sorgfältig liest, wie Boudon sie wiedergegeben hat, kann man nicht umhin, Le Corbusier als einen der Veranlasser dessen anzusehen, was vorhin »materielle Partizipation« genannt wurde. Ob Le Corbusier dies gewollt hat oder nicht, spielt – wie Boudon mit Recht sagt – nun keine Rolle mehr.

Wenn ich hier die Sorgfalt erwähne, mit der Boudon die Interviews mit den Bewohnern wiedergibt (bis zur Verwendung dynamischer Zeichen), so darf ich dennoch nicht verschweigen, daß mir die Inter-

pretation der Interviews gelegentlich ein wenig unsicher vorkommt. Ich vermeide mit Absicht das Wort »ungesichert«. Unsicher war wohl Boudon selber in einem Augenblick, in dem er unter dem Eindruck des Gesagten und Gehörten, des Erlebten stand, und das zu einer Zeit, in der er noch nicht das heutige Stadium seines Lernprozesses erreicht hatte. Da es bei jedem guten Buch so sein sollte, daß Autor und Leser in Reflexion des Geschriebenen und des Gelesenen in einen Lernprozeß geraten, ist die vorstehende Kritik an Boudon nicht als abwertend aufzufassen.
Die Reflexionen der Studenten führten dazu, daß Boudon als »Animateur« zu einem Colloquium nach Lüttich eingeladen wurde, an dem etwa 80 Personen – in der Mehrzahl Studenten – teilnahmen. Es wurden besondere Arbeitsgruppen gebildet, denen Boudon die folgenden Diskussionsthemen, erläutert durch eine kurze Einführung, schriftlich vorlegte:

1. Thema **Die Architektur und die Humanwissenschaften in ihrem derzeitigen Stand.**
   Kann die Architektur in ihre Praxis Erkenntnisse und Informationen integrieren, welche die Humanwissenschaften liefern?
2. Thema **Die Architektur und die Humanwissenschaften.**
   Kann die Architektur ihre eigenen Probleme im Bereich der Humanwissenschaften formulieren und das, was sie an Kenntnissen bedarf, gegenüber den Vertretern dieser Wissenschaften ausdrücken?
3. Thema **Der Architekturunterricht und die Humanwissenschaften.**
   Vermittlung hinzugefügter oder integrierter Kenntnisse?
4. Thema **Die Architektur als soziologischer und psychologischer Faktor.**
   Spielt die Architektur im psychischen und im sozialen Bereich eine Rolle? Besitzt der Architekt durch die Architektur, die er produziert, eine Macht auf psycho-sozialer Ebene? Ist er sich dieser seiner Macht bewußt und daher verantwortlich?
5. Thema **Erkenntnisse über Architektur durch die Humanwissenschaften.**
   Arten architektonischer Produktion, das Vorgehen des Architekten und seine Ideologie, die Beziehungen zwischen Architekten/Bauherren/Nutzern/Baugesellschaften etc.: können die Humanwissenschaften Klarheit in den Ablauf der architektonischen Produktion bringen und dazu Entwicklungsvorschläge machen?

6. Thema Die Architektur als Humanwissenschaft.
Gibt es bereits eine Theorie der Architektur (Architekturologie)? Kann die Architektur ohne Theorie auskommen? Ist es möglich, eine Theorie zu entwickeln, die nicht empirisch und individuell konstruiert wird wie bisher, sondern die von einer architektonischen Erkenntnis der Architektur ausgeht, einer Erkenntnis, die wissenschaftlich, kollektiv und kumulativ ist?
Kann die Architektur ihre eigenen Konzeptionen in einem System zusammenhängender Gruppen (in mathematischem Sinne) definieren? (Beispiel: »Auswahl« – »Ordnung« – »Maßstab« – »Struktur« – »Proportion« – »Öffnung« – »Transparenz« etc.)
Welches wären grundlegende Konzepte? Ist eine kritische Architekturwissenschaft möglich?

Es ist dies nicht der Ort, über das Ergebnis des Colloquiums zu berichten. Nur soviel: die sechs Themen wurden ohne nennenswerte Kritik akzeptiert. Sie lassen erkennen, daß Boudon durch die Reflexion seiner Erfahrungen in und mit Pessac auf eine Ebene gelangt ist, auf der Fragen wie »Funktionalismus oder nicht?«, »Formalismus oder nicht?« keine vernünftigen Fragen mehr sind. Es ist so, als habe Boudon endlich die Unbekannten in der »Gleichung« der Architektur genannt, Unbekannte, die als bekannte Größen zu betrachten man uns angewöhnt hatte, etwa mittels bestimmter genialer Hand- und Armbewegungen von Architekten-Künstler-Professoren, wenn die Frage nach der »richtigen Proportion« gestellt wurde.
Mir scheint, daß Boudons Fragestellung – unmittelbar aus den Erfahrungen mit Pessac entstanden – uns hilft, ein Suchfeld abzustecken, in welchem wir das Feld der Architektur neu zu markieren vermögen. Boudons Suchfeld dürfte gegenüber dem Arbeitsfeld derzeitiger Architekturtheorie merklich verschoben sein. Diese akzeptiert größtenteils allzu bedenkenlos das, was »Fachleute, die sich einen Namen gemacht haben«, als gesicherte Erkenntnis deklarieren, ohne auch nur den Schatten eines Beweises zu liefern. Über den hinter solcher Irrationalität sich verbergenden Herrschaftsanspruch scheint ja sogar Le Corbusier wenigstens zeitweise hinausgelangt zu sein, wie das Motto beweist, das Boudon über seine Einführung stellt: »Vous savez, c'est toujours la vie qui a raison, l'architecte qui a tort ...«

Elmar Wertz

Vorwort

>»*Le Corbusier, dieser Theoretiker und dieser Künstler, über den man niemals, glaube ich, genug Schlechtes und gleichzeitig genug Gutes wird sagen können* ...«
>
>Pierre Francastel

>»*Häuser werden gebaut, um bewohnt zu werden, nicht um betrachtet zu werden: Deshalb sollten wir die Nutzung über die Uniformität stellen, es sei denn, man könnte beides haben* ...«
>
>Francis Bacon

Hier wird eine Fallstudie vorgelegt, die zunächst unbedeutend und wenig gewichtig erscheint, in Wahrheit aber überaus bedeutsam ist. Der berühmteste Architekt und Stadtplaner der Moderne, der gleichzeitig Theoretiker und Praktiker war, hat vor ungefähr 40 Jahren in Pessac, in der Nähe von Bordeaux, eine neue Siedlung gebaut, das Quartier Frugès. Was hat Le Corbusier gewollt? Er wollte modern bauen, die ökonomischen und sozialen Bedingungen berücksichtigen, wohnliche und billige Wohnungen errichten, den Leuten ein Behältnis schaffen, in dem sie ihr tägliches Leben einrichten konnten. Kurz, der Architekt und Stadtplaner hat funktionell, von der technischen Vernunft bestimmt, planen wollen und hat einen vorausberechneten geometrischen Raum konzipiert, der sich aus Kuben und Kanten, aus Hohlräumen und Körpern, aus homogenen Volumen zusammensetzt.

Was ist aus diesem Projekt geworden? Was hat Le Corbusier in Wirklichkeit gemacht? Vielleicht weil er genial war, vielleicht auch weil die begabtesten Menschen (leider oder Gott sei Dank) niemals genau das machen, was sie eigentlich gewollt haben, schafft er einen relativ flexiblen, veränderbaren Raum. Und was haben die Bewohner gemacht? Anstatt sich in dieses Gehäuse passiv einzufügen, anstatt sich anzupassen, haben sie es bis zu einem gewissen Grade aktiv bewohnt. Sie haben gezeigt, was »wohnen« eigentlich ist: eine Tätigkeit. Sie haben an dem, was man ihnen angeboten hat, gearbeitet, sie haben es verändert, und sie haben ihm etwas hinzugefügt. Was haben sie hinzugefügt? Ihre eigenen Anforderungen. Sie haben Differenzierungen bewirkt, deren Merkmale Philippe Boudon aufzeigt. Sie haben neue Qualitäten eingeführt. Sie haben einen gegliederten sozialen Raum geschaffen. Durch die sehr genaue Analyse dieser Differenzierungen, dieser topologischen Qualitäten, die in einen undifferenzierten Raum eingeführt oder vielmehr in ihm geschaffen wurden, hat Philippe Boudon die Studien über das Phänomen »Stadt« vorangetrieben. Er ist vielleicht weiter gekommen, als er selber geglaubt hat. Er hat verschiedene Ebenen der Realität und des Denkens beleuchtet. Man kann in seinem Werk die Darstellung, wenn nicht den Existenznachweis von drei Ebenen sehen:

a) Die Ebene der Theorie, die mit einer Ideologie vermischt ist oder die sich, wenn man so will, im allgemeinen nicht klar von der Ideologie trennen läßt. Auf dieser Ebene operieren der Architekt und der Stadtplaner. Sie betrachten die konkrete Aufgabe, die ihnen gestellt ist, aus dem Blickwinkel einer stadtplanerischen Ideologie. Und zwar im Einklang mit oder im Gegensatz zu den Institutionen und den politischen Organisationen, aber auf ihrer Ebene. Was nicht ohne Risiken abgeht. Am Beispiel des von Le Corbusier bearbeiteten Projektes und der Einstufung als »sozialer Auftrag«, die das Quartier Frugès erfahren hat, ruft Philippe Boudon die Risiken und Gefahren der Ideologie ins Gedächtnis.

b) Die Ebene der Verwirklichung, wo zu den ideologischen Problemen Überlegungen anderer Art hinzukommen bzw. sich jenen überlagern. Auf dieser Ebene berücksichtigt der Architekt in seinem Denken und Wollen bewußt die Erfordernisse der Praxis, die greifbare Realität. Die architektonische Praxis erweist sich als zugleich ungewisser, anpassungsfähiger und lebendiger als die Theorie.

c) Die Ebene der Wirklichkeit der Stadt, der Wirkungen einer Lebensweise, eines Stiles (oder der Abwesenheit von Stil). Mehr oder weniger stark von einer Gruppe geprägt, erweist sich das soziale, kollektive und individuelle Werk als Werk. Auf dieser Ebene manifestieren sich eine Topologie, ein Sinn, eine konkrete Rationalität, die überragender und komplexer sind als die abstrakte Rationalität.

Die Studie von Philippe Boudon nimmt ihre Position ein zwischen Architektur und Städtebau, zwischen Forschung und der noch kaum begonnenen Analyse der städtischen Wirklichkeit, die sie in Wahrheit erst begründet. Sie enthält Elemente einer klaren Formulierung der städtischen Problematik und einer Kritik an der gesamten Stadtplanung, sei es als Antwort auf diese Problematik, sei es als Lösungsversuch. Auf diese Weise wird sie Geschichte machen.

Henri Lefebvre

»*Wissen Sie, es ist immer das
Leben, das recht, und der
Architekt, der unrecht hat.*«
Le Corbusier

Einleitung

»Wenn Sie die ›*Landes*‹ mit der Eisenbahn durchqueren, wird Ihre Aufmerksamkeit, wenige Minuten nachdem Sie durch Bordeaux gekommen sind, von einem merkwürdigen Dorf gefesselt. Etwa hundert braune, weiße und hellgrüne Häuser mit rechtwinkligen, nüchternen und kubischen Formen halten den Blick fest und erregen Ihre Neugier. Aber der Zug fährt schnell vorbei... Die Wirkung, die von dieser plötzlichen Vision ausgeht, war bei mir so groß, daß ich am nächsten Tag, als ich wieder durch Bordeaux kam, einen Aufenthalt einlegte, um diese fremdartige Siedlung zu besichtigen, deren kühne Neuheit ich verspürt hatte. Ich hatte Gelegenheit, einen neuen Stil kennenzulernen, eine – meiner Meinung nach – sehr glückliche Konzeption dessen, was das moderne Haus sein sollte, eine ›Wohnmaschine‹... «

So zumindest erschien im Jahre 1926 einem Journalisten der Revue Mein Heim (Mon chez moi) das »moderne Viertel Frugès«, das Le Corbusier in Pessac gebaut hatte.
Selbstverständlich konnte man erwarten, daß die Siedlung nach 40 Jahren ihr Aussehen geändert habe, aber daß sie sich so sehr hat verwandeln können, ist dennoch erstaunlich. Aus dieser »Wohnmaschine« hat offenbar jeder »sein Heim« gemacht... Nicht nur sind in den allermeisten Fällen die Farben verschwunden, sondern auch die breitgelagerten Fenster sind verschmälert worden; die Innenhöfe hat man geschlossen, viele Terrassen haben ein Dach

erhalten, die freien Räume, die man zwischen den Grundpfeilern gelassen hatte, sind ausgefüllt worden, und kleine Hütten sind aus dem Boden gewachsen; hinzu kommt die Beschädigung der Außenwände. Alles trägt dazu bei, daß das Ganze einen äußerst verkommenen Eindruck macht. Man ist versucht, hier außer den Veränderungen, die durch einen normalen Alterungsprozeß hervorgerufen werden, einen wirklichen Konflikt zwischen den Absichten des Architekten und den Rückwirkungen der Einwohner zu sehen.
In diesem Konflikt gibt der Architekt dem Architekten unrecht: »Sie wissen, es ist immer das Leben, das recht, und der Architekt, der unrecht hat«, hat Le Corbusier über Pessac gesagt. Und tatsächlich wäre die erste Reaktion, an einen Mißerfolg der Architektur zu glauben. Doch um von einem Mißerfolg sprechen zu können, muß man die Unveränderbarkeit der Architektur und die Unfehlbarkeit des Architekten bei der Befriedigung der fundamentalen Bedürfnisse des Wohnens voraussetzen. Diese Bedürfnisse sind jedoch noch unklar, und um sie zu definieren, müßte man annehmen, daß sie unabhängig von jedem Kontext existieren, was wenig wahrscheinlich ist. Jedenfalls werden in dieser Studie keine illusionistischen, allgemeinen Wahrheiten herauskristallisiert, sondern es wird versucht, durch Untersuchung der Motivationen, die die Bewohner in einem ganz bestimmten und begrenzten Zusammenhang veranlaßt haben, ihre Häuser so sehr zu verändern, Klarheit über bestimmte Elemente des Wohnens zu gewinnen und den Zusammenhang zwischen der architektonischen Konzeption und den Reaktionen der Benutzer aufzuhellen. Wir haben also in Pessac eine Untersuchung durchgeführt und parallel mit der Beobachtung der Veränderungen einen gut Teil der Einwohner interviewt.
Absicht dieser Arbeit war es sicherlich nicht, bestimmte Fakten definitiv zu beweisen, sondern eher Probleme aufzuwerfen, Wege zu öffnen, den Blick auf gewisse unterschwellige Vorstellungen zu lenken und – bei der Seltenheit solcher Untersuchungen – eine Methode eher auszuprobieren als anzuwenden. Es gab am Anfang keinerlei Sicherheit, zu einem Ergebnis zu kommen. Und in der Folge hat sich bewahrheitet, daß – wie wir angenommen hatten – keine endgültigen und entscheidenden Schlußfolgerungen gezogen werden konnten. Es schien uns aber dennoch so, als ob die Untersuchung der QMF – so werden wir in Zukunft oft die »Quartiers modernes Frugès« nennen – zu vielen neuen Ideen führen könnte, da diese ein Experiment waren, das sich frei und natürlich vollzogen hat. Wenn auch kein Ergebnis direkt übertragbar ist – und Wohnen ist Gott sei Dank ein zu komplexes Phänomen, als daß man es auf ein simples Koordinatensystem reduzieren könnte – und wenn es auch wenig wahrscheinlich ist, daß man eines Tages mit Sicherheit die Bedürf-

nisse des Wohnens kennt in der Weise, daß die Wohnung nur noch darauf zu antworten hat, so bleiben doch in der Zwischenzeit das eine wie das andere, Wohnen wie die Wohnung, wahre Schöpfungen des Menschen, die wie alle Schöpfungen ununterbrochen erneuert werden und sich doch nicht von der Vergangenheit lossagen können. Jedenfalls werden sie durch Erfahrungen bereichert, und die Lehre aus einer Erfahrung zu ziehen, das war es, was wir vor allen Dingen wollten.

Nach dem Willen von Frugès, dem auftraggebenden Industriellen, sollte die Siedlung Pessac ein Laboratorium sein, das es Le Corbusier erlaubte, »seine Theorien bis in die letzten Konsequenzen in die Praxis umzusetzen«.

Da das Eigentümliche eines Laboratoriums nicht nur darin besteht, daß »in der Praxis realisiert wird« – worin sich allerdings auf dem Gebiet der Architektur nur allzu oft die Experimente erschöpfen – sondern gerade darin, daß es diese Theorien zu überprüfen erlaubt, erschien uns das QMF als ein außergewöhnlich günstiges Forschungsobjekt für eine ökologische Studie des Wohnens. Es kommen dort einerseits die Architektur eines der größten Architekten der Moderne und andererseits die reinste Vorstadt-Villen-Architektur zusammen, zu welcher die meisten der von den Benutzern bewirkten Veränderungen zu gehören scheinen.

Die Notwendigkeit, das Problem sowohl unter soziologischem wie unter architektonischem Gesichtswinkel zu betrachten, hat uns veranlaßt, die Mitarbeit von Soziologen zu erbitten*. Obwohl der Architekt versucht ist, sofort seine eigenen Erklärungen des Phänomens zu geben, hat es uns vor allem interessiert zu erfahren, was die Bewohner selbst davon halten, und es wäre bedauerlich gewesen, wenn wir unsere eigenen Vorstellungen, nämlich die des Architekten, auf eine Untersuchung projiziert hätten, die ja gerade darauf abzielt, die Widersprüche zwischen der Konzeption des Architekten und der des Bewohners zu erhellen. Andererseits schien es uns aber notwendig, daß ein Architekt die Untersuchung durchführt, weil dieser die glückliche Voraussetzung mitbringt, über eine reichhaltigere Terminologie des Raumes zu verfügen und die Probleme der Raumorganisation leichter darstellen zu können. Besonders war es wichtig, die Veränderungen »ablesen« zu können, um in der Lage zu sein, sie zu interpretieren. Denn nach unserer Meinung setzte die Untersuchung eine Vorkenntnis der Probleme voraus, die durch den Raum, die Konstruktion und die Architektur im allgemeinen auf-

---

* Ich danke an dieser Stelle Raymond und Monique Fichelet, die die Gruppendiskussion organisiert und die wertvolle Mitarbeit von Claude Nedelec bei der Zusammenstellung der Interviews vermittelt haben.

geworfen werden können, und diese Probleme sind allein dem Architekten ausreichend vertraut; die Öffentlichkeit hat hiervon nur eine schwache Vorstellung. Wir glaubten daher, daß es auf diese Weise möglich sein müßte, die verschiedenen Fakten, die wir zusammentragen würden, in eine Gesamtdarstellung zu integrieren.
Betonen wir zum Abschluß noch die Tatsache, daß es sich hier keineswegs um eine Untersuchung über Le Corbusier handelt. Seine Persönlichkeit und seine Architektur sind zwar wichtige Gegebenheiten, die einen wesentlichen Aspekt des Problems ausmachen, während der andere Hauptaspekt in der Reaktion der Bewohner auf diese Architektur liegt; denn der Architekt ist keineswegs unpersönlich, und die Bewohner sind ihrerseits nicht mit denen irgendeiner anderen Region oder eines anderen Landes gleichzusetzen. Dennoch hoffen wir, durch diese genau lokalisierte und fest umrissene Studie ein allgemeineres Phänomen beleuchten zu können, nämlich den Konflikt zwischen den Absichten des Architekten, die in seinen Bauten realisiert sind, und den Reaktionen der Benutzer.
In Pessac sind wir von der Hypothese ausgegangen, daß ein Konflikt vorlag.

Wir haben für diese Studie Material zusammengetragen, das über die persönliche Deutung hinaus, die wir ihm geben, für eine Deutung durch den Leser geeignet sein sollte. Wie wir betont haben, wollten wir vor allem über ein Experiment berichten, bei dem im kleinen Maßstab Wohnen, Architektur und Stadtplanung miteinander verzahnt sind. Aus diesem Grunde haben wir nicht gezögert, einen größtmöglichen Teil des Materials hier wiederzugeben, in dem Maße natürlich, in dem seine unmittelbare Kenntnis für den Leser von Interesse sein könnte. Mehr als einmal schienen uns Zeitungsartikel, geschriebene Texte oder Interviews für sich selbst zu sprechen: In diesen Fällen haben wir es vorgezogen, sie für sich selbst sprechen zu lassen.

TEIL I

»*Es war unnütz, ihn zu bitten,
sich ein wenig an die Stelle
der zukünftigen Käufer zu
versetzen, deren Auge an Dekor
gewöhnt ist, und sei es auch
nur an den allereinfachsten...*«
Henri Frugès

1 Die Geschichte des Projektes

Eine Gruppe von zehn Häusern, die Le Corbusier in Lège, in der Nähe des Beckens von Arcachon, gebaut hat, waren der Ursprung des Projektes von Pessac*.
Der Vater von Henri Frugès besaß in jener Gegend eine Fabrik, in der Kisten zur Verpackung von Zucker hergestellt wurden. Jedes Jahr während der Zeit der Fichtenharzgewinnung hatte das Sägewerk unter dem Fernbleiben der Arbeiter zu leiden. Um diese Arbeitskräfte zu binden, wollte der Industrielle Häuser für die Arbeiter bauen, und er bat Henri Frugès, der durch zwei Onkel, die Architekten waren, Kontakt mit der Architektur hatte, die Pläne für zehn Häuser zu entwerfen. Dieser begann eben mit den Entwürfen, als er in einer Zeitschrift, die »l'Esprit Nouveau« hieß, den Artikel »eines Unbekannten«, nämlich von Le Corbusier las. Für diesen Artikel empfand er eine wahre Begeisterung, die sich folgendermaßen äußerte:

---

* Die Häuser von Lège, die denen von Pessac in der Konzeption sehr ähnlich sind, haben eine Verwandlung ins Ländliche durchgemacht, die noch entstellender ist als die vorstädtische Umprägung, die die Häuser von Pessac erfuhren. Heute kann man in diesen ländlichen Gebäuden, die wie Bauernhäuser aussehen, kaum noch die Spuren eines frühen, unbekannten Werkes von Le Corbusier erkennen. Nur einige strenge Metallrahmen an gewissen Stellen lassen auf den Urzustand schließen.

»Was erläuterte er (Le Corbusier)?
Durch den Krieg von 1914 bis 1918 waren in Frankreich unzählige Häuser zerstört worden, und man mußte unbedingt neue bauen, um den Millionen von Menschen ein Dach über dem Kopf zu geben. Warum sollte man dabei nicht die Methode anwenden, die man gegen Ende des Krieges entwickelt hatte, um in Rekordzeit kilometerlange Schützengräben bauen zu können? Diese Methode erlaubte es, die Fenster breit zu machen, wie in den Gängen der Eisenbahnwagen, und sie ermöglichte es auch, die Ziegeldächer durch Dachterrassen zu ersetzen ... Noch andere, sehr sinnreiche Ideen wurden entwickelt, besonders etwa die, das Regenwasser durch das Innere des Hauses abzuleiten, um so Frostschäden an den außenliegenden Regenrinnen zu vermeiden, usw....«

Nach der Lektüre dieses Artikels wandte sich Frugès ohne Zögern an Le Corbusier, um ihn zu bitten, die zehn Häuser zu entwerfen. Wir halten es für interessant, den Initiator und Förderer des Projekts seine Geschichte selber erzählen zu lassen, so wie er es 1967 bei der von der Stadtverwaltung organisierten Gedenkfeier für den 40. Jahrestag des Quartier Frugès vor dessen Einwohnern getan hat:

»Ich hatte gesagt: Machen Sie alles so, wie Sie es sich vorstellen. Und ein Jahr später, 1921, zogen die Bewohner in die zehn Häuser ein. Eine Keimzelle städtischen Lebens. Ich hatte eine Wand für das pelote-basque-Spiel, Gärten um jedes Haus, einen Platz usw. geplant ... überall Blumen, sogar auf den Dachterrassen; eine Zentralheizung, die durch den Küchenherd betrieben wurde, den ich überall einbauen ließ; WC und chemische Klärgruben zur Reinigung der Abwässer und einige andere moderne Annehmlichkeiten.
Da ich das Baugerät besaß – das übrigens sehr teuer war (Torkretiermaschine, Kompressor, Zerkleinerungsmaschine, Betonmischmaschine, die ich alle bei der Compagnie Ingersoll-Rand gekauft hatte) – und da ich zu der Erfüllung der nationalen Pflicht beitragen wollte, unseren obdachlosen Landsleuten zu helfen, beschloß ich, noch eine Gartenstadt von großem Ausmaß zu bauen, 150 bis 200 Häuser. Ich wählte Pessac, dessen reine Pinienluft sehr geschätzt war. Ich erwarb eine große Wiese, die von einem Pinienwald umgeben war, und wir stellten einen Bebauungsplan auf. Die Notwendigkeit, zwischen den einzelnen Häusern genügend Freiraum zu lassen, brachte uns zu dem Entschluß, die Anzahl der Häuser zu verringern; hundert schienen uns ein Maximum zu sein. Das Schicksal stoppte mich beim einundfünfzigsten.
Bevor wir uns die Anlage der Häuser und ihrer Gärten überlegten, sind wir nach Lège gegangen und haben die Bewohner der zehn

Häuser gebeten, uns offen zu sagen, was sie dort schlecht oder unbequem fanden. Und ihre Beobachtungen haben uns erlaubt, gewisse Einrichtungen in unseren Entwürfen zu verbessern.
Kurze Zeit hatten wir eine Meinungsverschiedenheit über die Beschaffenheit der Häuser. Le Corbusier stellte sich schon etwas *Großes** vor und träumte von »Wolkenkratzern«. Ich dagegen wollte den zukünftigen Eigentümern ein Haus für jede Familie anbieten. Wir einigten uns schließlich auf das Prinzip, einen Teil der Häuser als Einfamilienhäuser und einen anderen Teil als Häuser für zwei Familien zu bauen. Garagen sollte es überall geben. Breitgelagerte Fenster, Dachterrassen, die 60 cm Erde tragen konnten, um Pflanzen zu setzen, Rosenbüsche usw. ... Regenwasserabfluß nach innen. Zentralheizung mit dem Küchenofen betrieben, der im Preis des Hauses inbegriffen war, ebenso wie kaltes und warmes Wasser. Elektrischer Strom. Duschen mit Temperaturreglern nach meiner eigenen Erfindung. Chemische Kläranlagen.
In allen Gärten ließ ich Obstbäume und Ziersträucher pflanzen und an allen öffentlichen Wegen Bäume.
Neue Meinungsverschiedenheit zwischen Le Corbusier und mir: Er ist ein geschworener Feind allen Dekors (das erklärt sich aus seiner protestantischen Herkunft und seinem strengen Charakter). Er ist dafür, die Wände nach dem Ausschalen roh zu lassen. Ich springe auf. Er erklärt mir, daß wir alle überflüssigen Ausgaben vermeiden müssen, wenn wir den Leuten Häuser zu Niedrigstpreisen anbieten wollen. Vergebens. Und er startet einen Generalangriff gegen jede Ornamentik und schreit: »Wir haben den Dekor satt, wir brauchen eine große optische Reinigung! Nackte Wände, absolute Einfachheit, das ist es, wonach unser Auge verlangt!«
Ich verstand ihn sehr gut, weil wir beide »billig« bauen wollten, aber er verstand mich nicht. Es war unnütz ihn zu bitten, sich ein wenig an die Stelle der zukünftigen Käufer zu versetzen, deren Auge an den Dekor gewöhnt ist, und sei es auch nur an den allereinfachsten. Diese Käufer werden erschrocken sein und fliehen! schrieb ich ihm. Man muß ihren Blick unbedingt *auf für sie angenehme Weise* einfangen, und deshalb müssen wir in der äußeren Erscheinung ein Element verwenden, das ihrem Empfinden schmeichelt, da sie die Bequemlichkeiten im Inneren erst schätzen können, wenn sie in ihrem Haus wohnen. Zuerst muß erreicht werden, daß sie einwilligen, dort zu wohnen. Deshalb ist es notwendig, daß ihnen etwas an dem Äußeren gefällt.
In diesem Augenblick kam mir die Muse der Malerei zu Hilfe, die ich in einem meiner Vorträge über das Thema »Kunst und Schönheit«

---

* Die Hervorhebungen stammen von Henri Frugès.

CHROMYRIS getauft habe. Sie gab mir die Idee ein, die Fassaden der Häuser in verschiedenen, wohlüberlegten und sorgfältig ausgesuchten Farben anzustreichen, damit sie miteinander harmonierten und je nach der Entfernung durch die später hochwachsende Grünbepflanzung gesehen werden könnten. Meine Ausdauer machte schließlich aus meinem Gegner einen mächtigen Verbündeten: Er war ebenfalls Maler und beschäftigte sich gerne mit der Harmonie der Farben, und dank Chromyris wurde die Übereinstimmung wiederhergestellt! Wir studierten die Farbtöne und ihre Wechselwirkung und trafen die folgende Wahl: Himmelblau (die Farbe, die unsere Soldaten am Ende des Krieges trugen), Goldgelb, Jadegrün, cremiges Weiß und Kastanienbraun, das eine subtile Mischung aus Braun und rotem Ocker war. Jede Fassade wurde in einem dieser Farbtöne gestrichen. Als alles fertig war, war es eine Freude für das Auge; die Farbgebung der Wände harmonierte wunderbar mit den Farben der Blumen und dem Grün der Gärten, ebenso wie mit den Farben der anderen Häuser.

Ein falsches Vorgehen meinerseits verzögerte die Arbeiten um ein ganzes Jahr: ich wollte die örtlichen Arbeitskräfte unterstützen und wandte mich an einen Bauunternehmer aus der Gegend. Das wurde eine Katastrophe. Dank M. Vrinat, einem Ingenieur in unseren Fabriken, den ich für die Leitung der Arbeiten in Pessac hatte freistellen lassen, konnten wir auf solider Grundlage weitermachen, mit der Unterstützung eines großen Pariser Bauunternehmers, M. Summer, den Le Corbusier von unseren Plänen überzeugte. Wenig später waren mehr als 200 Arbeiter auf der Baustelle, und je Woche wurden zwei Häuser im Rohbau errichtet.

Der Plan war von meinem Freund und seinem jungen Cousin Pierre Jeanneret entworfen worden. Nach den Wünschen, die ich geäußert hatte, auf denen ich jedoch nicht unnachgiebig beharrte, sollte die größtmögliche *Abwechslung in der Anlage* herrschen, möglichst keine zwei Häuser sollten sich genau gleichen. Jedoch konnte mein Freund mich leicht davon überzeugen, daß diese Forderung übertrieben war, und es wurde beschlossen, daß mehrere Häuser in Form und Aussehen gleich sein sollten, aber jeweils nur in einer kleinen Anzahl. Einige Häuser sollten als Doppelhäuser gebaut werden und andere völlig allein mitten in ihrem Garten stehen.

Die Vielfalt, die ich erreichen wollte, mußte mit der Notwendigkeit der Serienproduktion in Einklang gebracht werden; das war die einzige Möglichkeit, die Gestehungskosten spürbar zu senken.

Le Corbusier fand die Lösung des Problems im Patience- und Lotto-Spiel: Mehrere fertige Elemente, die zusammengefügt oder einzeln verwendet werden können. Wir entschlossen uns für das Grundmaß von 5 m × 5 m, für das halbe Grundmaß von 5 m × 2,50 m und für das Viertel des Grundmaßes von 2,50 m × 2,50 m. Man brauchte nur mit diesen drei Elementen zu spielen, sie auf die verschiedenste Weise zusammensetzen, um eine große Vielfalt zu erreichen und doch gleichzeitig die Vorteile der Serienproduktion zu wahren. In diesem System der »Vielfalt in der Einheit«, dem großen unverrückbaren Prinzip der Kunst und einem der Gesetze der Schönheit, wurden schließlich noch abgerundete Teile im Kontrast zu den geraden Linien vorgesehen.

Und am 13. Juni 1926 kam M. de Monzie, der Minister für öffentliche Arbeiten, in Begleitung einer großen Zahl Pariser Persönlichkeiten, um das »moderne Quartier Frugès« einzuweihen. Ich meinerseits hatte die Honoratioren von Bordeaux und Aquitanien zu dieser Feier eingeladen. Eine sehr große Menschenmenge überflutete die Baustelle. Eine Baustelle war es in der Tat, denn die meisten Häuser befanden sich noch in verschiedenen Stadien des Arbeitsfortschritts: nur fünf waren fertig, zwei davon ganz möbliert. Ich hatte mit dem Direktor der »Dames de France« eine Übereinkunft getroffen, und er machte seine Sache so gut, daß diese beiden Häuser den Eindruck erweckten, bewohnt zu sein! Auf der Terrasse des Hauses Nr. 44, das für sich allein in seinem Garten stand, empfing ich den Minister. Ich erklärte ihm, was wir hatten realisieren wollen, dann fügte Le Corbusier Einzelangaben hinzu, die die Anwesenden interessieren konnten.

Es ist schwierig, eine Bilanz dieses denkwürdigen historischen Tages aufzustellen. Ich glaube aber dennoch, daß ich mich nicht allzu weit von der Wahrheit entferne, wenn ich, nach dem Echo, das ich wahrgenommen habe, und nach den Nachforschungen, die ich angestellt habe, die folgende Übersicht der verschiedenen Publikumsreaktionen aufstelle:

Enthusiastische Bewunderer	1%,
Sympathisanten	2%,
Unentschiedene	2%,
Höchst erstaunt und entsetzt	40%,
Überzeugt davon, daß ich verrückt geworden war	55%.

Wahrscheinlich waren es die letzteren, die, um ihren Eindruck wiederzugeben, der Gruppe von Neubauten den Spitznamen »Rigolarium« gaben, weil in Frankreich alles mit der »Rigolade«, der Verulkung, endet, wie jedermann weiß.«

Erscheint die Persönlichkeit von Henri Frugès deutlich genug in diesen Zeilen? Der Initiator von Pessac ist von überschäumender Aktivität und nennt sich selbst »Forscher, vielseitiger Künstler,

Architekt (ohne D.B.L.G.), Maler (vom Fresko bis zur Elfenbeinminiatur), Bildhauer, Pianist und Komponist, Mitglied der S.A.C.E.M. (der französischen Gema) in Paris, Schriftsteller, Kunstkritiker, Historiker, usw.«. Über Pessac schrieb er uns:

»Diese neuen, sehr einfachen Formen haben das Urteilsvermögen meiner Landsleute aus Bordeaux um so mehr verwirrt, als sie vom klassischen Stil des 17. und 18. Jahrhunderts, der in Bordeaux bewundernswerte Bauwerke und herrliche Patrizierhäuser hervorgebracht hat, durchdrungen waren und es noch sind.
Ich selbst bin ein großer Bewunderer dieses Stils. Aber als ich mir zwischen 1913 und 1924 in Bordeaux mein Stadthaus baute, wollte ich nicht das 17. Jahrhundert kopieren, sondern eine Art Museum der modernen Kunst schaffen, das ich meiner Vaterstadt zukommen lassen wollte; Bordeaux erinnert mich an die Gotik, die meiner Ansicht nach das vollkommenste von allem ist, was Menschen gebaut haben und deren schönste Kathedralen ich höher schätze als selbst den Parthenon und Angkor-Vat! Aber ich gebe Ihnen vielleicht ein Ärgernis ... !
Da ich auch ein großer Bewunderer der muselmanischen Kunst bin, habe ich versucht, die Gotik mit einem gewissen muselmanischen Stil zu vereinen, nicht in der Art einer simplen physikalischen ›Mischung‹, sondern wie eine chemische ›Verbindung‹, weil es in den beiden Kunstarten mehrere sehr enge Berührungspunkte gibt – und natürlich wollte ich auch meine eigenen Gedanken hinzufügen.«

Heute mit 85 Jahren geht Frugès noch immer seiner fieberhaften künstlerischen Tätigkeit nach; er gibt ein Wappenlexikon heraus, das handgeschrieben, mit Handzeichnungen versehen und von Hand gebunden ist; er arbeitet an der handgeschriebenen Übersetzung arabischer Romane, die handkoloriert sind, mit Eierfarben, die er selbst hergestellt hat. Eine Oper und eine Komödie sind in Arbeit...
Die Wände in seiner Wohnung sind mit seinen Bildern bedeckt.
»Zwei Jahre höhere Handelsschule haben keinen Geschäftsmann aus mir gemacht.«
In der Tat bedeutete 1928 der Tod seines Vaters seinen finanziellen Ruin. Frugès erkrankte an einer nervösen Depression und ging, dem Ratschlag seines Arztes folgend, nach Algerien, um sich zu erholen. Das fertige Wohnviertel Frugès sah er erst bei seiner Rückkehr – 40 Jahre später – wieder.
»Ein Phänomen« nach den Worten Le Corbusiers.
»Ein wahrer Künstler« für die Einwohner von Pessac, die ihn sehr schätzen und bewundern, in geradliniger Rückkehr vom Paternalismus:

M-1 Aber ich* glaube, was sie vor allem nachmachen sollten, das wäre zuallererst Frugès, den sie nachmachen müßten ... Le Corbusier, natürlich, der hat seine eigenen Ideen um ... weiterzukommen ... aber! man spricht nicht viel über Ideen in Frugès. Aber leider hat es zu allen Zeiten nur wenig Leute gegeben, die so großzügige Ideen hatten wie er, Frugès! Glauben Sie, heute gäbe es viele Unternehmer, die daran dächten, so etwas zu unternehmen? ... Übrigens hat er sich ja auch damit ruiniert ... Haben Sie Frugès gesehen? ... Donnerwetter, Donnerwetter!

In der Tat scheint die Bilanz, die Frugès über die Reaktionen der Einwohner aufgestellt hat, ziemlich richtig zu sein. M. Vrinat, der für die Bauleitung verantwortliche Ingenieur, berichtet, daß es zahlreiche Schwierigkeiten gegeben hat: mit der Baugenehmigung, mit anderen Genehmigungen, mit der Wasserzuleitung usw., und daß jedesmal eine höhere Instanz in Anspruch genommen werden mußte. So haben des öfteren die Minister de Monzie und Loucheur eingegriffen, um Le Corbusier zu unterstützen. Le Corbusier hat also hier ebenso wie in Marseille Unterstützung von oben erhalten, während er, wenn man seinen Beschreibungen glauben wollte, immer nur auf Widerstand gestoßen ist.
Auf lokaler Ebene dagegen hat es tatsächlich Widerstand gegeben: nach den Aussagen von Vrinat waren alle Architekten gegen ihn.

»Alle Architekten von Bordeaux haben ohne Ausnahme ein gewaltiges Zetergeschrei erhoben; sie haben auf der ganzen Linie alles kritisiert ... das Ergebnis war, daß sich keine Käufer für diese Häuser fanden. 1930 war ich als Ingenieur in der Raffinerie, damals habe ich Frugès abgelöst, der an einer Depression litt, und ich habe mich selbst um den Verkauf der Häuser gekümmert, zusammen mit Mme. Frugès. Der Verkauf wurde im Rahmen des Loucheur-Gesetzes abgewickelt. Dieses Gesetz hatte den schwerwiegenden Fehler, von den Leuten keine Beteiligung zu fordern; man mußte nur den üblichen Normen entsprechen, um in den Genuß dieser Vorteile zu kommen. Das hatte zur Folge, daß die Leute, die dort wohnten, ziemlich arm waren. Es waren im allgemeinen Leute, die sich nicht zur Unterhaltung der Häuser verpflichtet fühlten. Auf den Dachterrassen lag zum Beispiel Sand, und dieser Sand ist heute verschwunden, und deshalb gibt es heute das Problem der Feuchtigkeitsisolierung, obwohl dieses zu Anfang gut gelöst war.«

* Auf Seite 64 findet sich das gesamte System der Verweise auf die Interviews.

Dr. M., während der Bauzeit des Viertels Stadtrat und wenig später Bürgermeister von Pessac, repräsentiert in gewisser Weise die Gegenpartei:

»Ich hatte kein Vertrauen ..., die Sache war verdächtig, sie war gegen die Regeln ..., man sagte, das seien die Häuser von Abd-el-Krim ..., in der unklaren Vorstellung der Leute waren das die Haremshäuser des Sultans! ... Die Abneigung der Leute war eher eine Reaktion auf die Unbequemlichkeiten als auf das Ästhetische. Mit der Stadtverwaltung hat es eine gute Zusammenarbeit gegeben. Natürlich sagte ich zu Le Corbusier: »Ich mag den Louvre lieber«, aber er war jemand von Gewicht, er war jemand! ... Man stritt sich herum, aber es endete immer mit einem Händedruck ...«

Trotz dieser »guten Zusammenarbeit« hat sich die Stadt tatsächlich mehrere Jahre lang geweigert, die Wasserleitung zu verlegen. Die Häuser waren nur schwer verkäuflich, und durch die Anwendung des Loucheur-Gesetzes – das ausdrücklich zu diesem Zweck verändert wurde* – bevölkerte sich das Viertel mit Leuten, die meistens der niedrigsten sozialen Schicht angehörten und die im folgenden oft die jährliche Miete nicht zahlten, obwohl sie sehr niedrig war. Inzwischen kam das Viertel immer mehr herunter, weil die Leute, teils wegen der mangelnden Unterhaltung und teils wegen des sozialen Vorurteils, bei diesem Stand der Dinge »keinen Geschmack daran fanden«, die Häuser zu unterhalten. Durch den äußeren Eindruck entstanden am Anfang – wie in der »Cité du Fada« (der »Siedlung des Verrückten«) in Marseille – einige abwertende Redensarten: »die marokkanische Siedlung« oder »das Sultansviertel«; diese Redensarten haben zweifellos die Reaktionen der ersten Bewohner beeinflußt.

F-3 Wir waren Aussätzige: »Wie! Sie wohnen im marokkanischen Viertel!« – Und ich sagte mir: Teufel, wenn es mir da nicht gefällt! Was soll ich dann machen! ... das war scheußlich! Ich hatte das Gefühl, nach Hause ins Gefängnis zu gehen ...

Eine andere stehende Redensart: »die Zuckerwürfel von Frugès«, in Anspielung auf den Urheber des Projektes, der Zuckerfabrikant war.

Die Architektur des QMF entsprach dem internationalen Stil. Sie war charakteristisch für eine architektonische Richtung jener Zeit, deren Hauptvertreter und zugleich Anreger Le Corbusier war. Diese Archi-

---

* Hierin zeigt sich, welche Bedeutung die Regierung dem Versuch beimaß.

tektur widersprach dem für die Region charakteristischen Traditionalismus, was sich auch deutlich in der zeitgenössischen Lokalpresse widerspiegelt:

»In der Gegend von Bordeaux, die so reich an Erinnerungen und an alten Traditionen ist, die Wohnform von morgen aus dem Boden wachsen zu sehen, das war für uns eine erregende Überraschung...«

Bei der Einweihung unterstrich der Minister de Monzie selbst den Traditionalismus der Region:

»Dies ist eine gute und schöne Lehre, die uns das Land von Bordeaux erteilt. Man konnte fürchten, daß es nicht allzusehr dazu geeignet wäre, die große Technik zu erneuern und das soziale Leben umzuformen, das sich gewissen Kühnheiten widersetzt.«

Sehr häufig wurde dieser Traditionalismus bei Unterhaltungen mit den Einwohnern oder mit anderen Personen deutlich.

M-3 Die Leute von Bordeaux sind an die »échoppes« (die Bordelaiser Hütten) gewöhnt, sie waren verwirrt.

In der Tat hängen die Leute dieser Gegend auch heute noch an einem traditionellen Grundtyp des Wohnhauses: der *échoppe bordelaise*. Wir werden später noch die möglichen Auswirkungen dieser Wohnform analysieren. Aber auf ein merkwürdiges Phänomen wollen wir sofort eingehen, das man bei einer Betrachtung der Dinge im größeren Rahmen bemerkt: wenn man die »échoppes« mit den Häusern von Le Corbusier vergleicht, entdeckt man bald eine gewisse Ähnlichkeit. Außer in den Formen selbst findet sich diese Ähnlichkeit auch im Hinblick auf den unserer Untersuchung zugrunde liegenden Umwandlungsvorgang, den das Haus durchmacht.
Die »échoppe« veranlaßt aus sich heraus häufige und beinahe systematische Veränderungen, und es scheint uns, daß ihr charakteristisches Aussehen gerade durch diesen kontinuierlichen Prozeß entsteht, der sich nach stillschweigend eingehaltenen Regeln abzuspielen scheint: ohne Zweifel gibt das Zimmer, das die Bewohner an der von der Straße abgewandten Seite anbauen, dem Dach die charakteristische Asymmetrie (s. Fotos 28, 29). Auf diese Weise entsteht auch die charakteristische Innenaufteilung der »échoppe«: jedermann aus der Gegend von Bordeaux wird eine solche »échoppe« als ein ebenerdiges Haus am Straßenrand beschreiben, das einen Mittelgang hat, von dem nach jeder Seite Zimmer abgehen, wobei die beiden mittleren meistens dunkel sind. Diese für die innere Auf-

teilung der »échoppe« charakteristischen dunklen Räume sind nicht von Anfang an geplant, sondern sie entstehen durch den Anbau, von dem wir eben gesprochen haben. Da die »échoppes« im allgemeinen aneinandergebaut sind – und wenn sie es nicht sind, haben die Giebel meist keine Fenster –, werden die zentralen Räume zwangsläufig verdunkelt, wenn nach hinten ein Raum angebaut wird.
Dieses Prinzip der häufigen Veränderung der Häuser und ein offenbarer Hang, die Landschaft mit Anbauten zu bereichern, können in einem regionalen Zusammenhang festgestellt werden – was von Ortsfremden sehr wohl bemerkt wird. So muß das Phänomen Pessac vielleicht auch als Teil einer allgemeinen Neigung der Bewohner der Gegend angesehen werden, ihre Häuser selbst auszubauen. Im Verlauf dieser Untersuchung sind wir in der Vorstellung bestärkt worden, daß es zweifellos interessanter ist, die Realität dieser weithin bestehenden Neigung ins Auge zu fassen, als die einzelnen Gründe für die Umbauten zu untersuchen, seien sie nun funktional bedingt oder nicht.
Die Folgerungen, die wir hieraus für die »Methode« ableiten konnten, werden in dem betreffenden Kapitel sichtbar werden.

Zum Abschluß dieser historischen und geographischen Vorstellung des Projektes verweisen wir auf den Werbeprospekt, der seinerzeit für den Verkauf der Häuser des QMF entworfen worden ist. Neben den Informationen über die materielle Konzeption der Häuser, die man dort findet, ist vor allen Dingen der Ton des Prospektes interessant.
Von heute aus betrachtet, erscheint sein Reklameton als ein grober Fehlgriff, denn er erweckt Zweifel, anstatt die Leute zu bestärken. Wahrscheinlich jedoch wollte man auf diese Weise Eindruck machen. Übrigens zeigt sich hierin, ebenso wie in dem Text von Frugès, den wir hier zitiert haben, daß die Urheber, Frugès und Le Corbusier, selber Zweifel am Erfolg des Unternehmens hatten. So liest man auf der ersten Seite des Faltbogens in großen Buchstaben und von einem Foto begleitet den Satzanfang:

»Der neuartige Anblick dieses Hauses erweckt bei Ihnen vielleicht Zweifel...«

Und die folgende Seite ist keineswegs optimistischer:

»... an seiner Bequemlichkeit und an seiner Annehmlichkeit, und Sie fragen sich, ob die alte Architektur Ihnen nicht mehr Vorteile bietet als die moderne.«

Noch mehr: der als Zweifel begonnene Satz (»vielleicht«) wird als Bestätigung des Zweifels zu Ende geführt (»sie fragen sich«). Die Autoren haben das Bedürfnis, sich zu rechtfertigen:

»Im ersten Augenblick gefällt einem die äußere Erscheinung nicht unbedingt; aber die Erfahrung lehrt: das Auge gewöhnt sich sehr schnell an diese einfachen und reinen Formen, und schließlich entdeckt man, daß ihre Schönheit größer ist als die Schönheit von Schnitzwerk und von Verzierungen. Um uns herum haben seit ungefähr 30 Jahren alle Gegenstände sehr einfache Formen angenommen: die Kleidung, das Gerät, die Möbel, die Schiffe, die Autos usw. ... Sind es nicht gerade die einfachsten Gegenstände, die am meisten wirklichen Pfiff haben, am meisten Rasse, am meisten Haltung, mit einem Wort: am meisten Schönheit?
Warum sollte es mit unseren Häusern nicht genauso sein?
Übrigens braucht man nur die Leute, die schon in unseren Häusern wohnen, zu fragen, wie sie sie finden und wie sie sich dort fühlen.«

»*Der faschistische Staat wird
schnell vorangehen müssen,
er wird eine Methode wählen
und eine nationale Baupolitik
entwickeln.*«
»*Le nouveau siècle*«
Artikel von Dr. P. Winter

2 Die Reaktionen der zeitgenössischen Presse

Die meisten Artikel, die seinerzeit über das moderne Viertel von Frugès erschienen, werden durchweg und undifferenziert durch das Fehlen einer wirklich kritischen Analyse, durch die überall auftauchenden gleichen Themen und durch den Eindruck der Stereotypie charakterisiert. Ganze Passagen der Artikel scheinen Texten von Le Corbusier entnommen zu sein. Hat sich die Lage heute geändert? Keines der behandelten Themen scheint heute veraltet... Am häufigsten erscheint ein gleiches Grundschema.

a Die Wohnungsnot: sie wird als zufälliges Ergebnis der Umstände erklärt.
»Während des Krieges kamen die Bauarbeiten zwangsläufig zum Stillstand, und andererseits veränderten sich die Gewohnheiten der Leute beträchtlich unter dem Einfluß der Ereignisse, die unsere Existenz zwischen 1914 und 1918 erschütterten. Ein Arbeiter, der sich normalerweise mit einer 1- bis 2-Zimmer-Wohnung zufriedengab, um eine manchmal zahlreiche Familie unterzubringen, faßte nach 1918 die Möglichkeit ins Auge, sein Leben angenehmer zu gestalten und ein kleines Häuschen mit 4 bis 5 Zimmern zu erwerben. Ein legitimer Wunsch, aber dennoch eine der typischen Erscheinungen der Nachkriegszeit.« (Petite Gironde)

b Die Notwendigkeit der Serienproduktion
»Niedrige Mietpreise zu erzielen, das muß das Ziel der modernen

Baupolitik sein. Aber ein niedriger Mietpreis erfordert natürlich eine billige Bauweise: Bei den gegenwärtigen Materialpreisen ist es ein unmögliches Unterfangen, ein einzelnes Haus billig zu errichten. Daraus ergibt sich also die Notwendigkeit, die Errichtung von Häusern in großer Serie ins Auge zu fassen.« (Petite Gironde)

c Die Versuche der Unternehmer, die Arbeitskraft zu binden.

»Nur diejenigen Unternehmer, die gezwungen waren, Personal für das Funktionieren ihrer Betriebe anzuwerben, haben bisher Häuser in Serienbauweise errichtet, denn die Grundvoraussetzung für die Verpflichtung der nötigen Arbeitskräfte war, daß diese auch untergebracht werden konnten. Aber in vielen Fällen ging die Wirtschaftlichkeit, die man durch die serienweise Errichtung der Arbeiterhäuser erreichte, auf Kosten der Bequemlichkeit der zukünftigen Bewohner, und manchmal sogar auf Kosten der Solidität.«
(Petite Gironde)

d Die Vorteile des Experimentes von Pessac: schnelle Bauweise und moderner Komfort.

»Man begegnet einer ganz neuen Ästhetik, die bei einem ersten Besuch seltsam anmutet, an die sich das Auge aber rasch gewöhnt.«
(Petite Gironde)

Man erkennt hier Wort für Wort die Argumente des Werbeprospektes wieder ... In Pessac selbst, wo man von dem Unternehmen direkt betroffen ist, äußert man sich übrigens über den letzten Punkt mit sehr viel Zurückhaltung:
»Das sehr merkwürdige Aussehen ist im ersten Augenblick überraschend. Es erinnert in gewisser Weise an die Bauweise in unseren nordafrikanischen Kolonien. Aber was macht das schon, wenn Bequemlichkeit des Wohnens und die Möglichkeit einer perfekten Hygiene die hauptsächlichen Qualitäten dieser modernen Siedlung sind. Und wenn man wählen kann, dann sind die in diesem Stil errichteten Wohnungen – auch wenn sie wenig geeignet sind, die Poeten zum Träumen zu bringen – doch noch immer jenen schmutzigen kleinen Wohnungen vorzuziehen, die in den seltsamen, durch übertriebene Aufstückelung des Eigentums seit 1919 entstandenen Vierteln gebaut worden sind.« (La Tribune Pessacaise)

Erwähnen wir ergänzend noch den häufig behandelten Begriff des »Architekturlaboratoriums«. In diesem Begriff zeigt sich deutlich die Verwechslung von Bauen und Architektur, denn er beinhaltet, daß das Experiment beendet ist, wenn der Bau einmal steht.
Schließlich muß man feststellen, daß praktisch überhaupt keine Be-

trachtungen über die Architektur selbst angestellt werden. Dagegen wird eine Fülle von Einzelheiten über den modernen Komfort erwähnt: »Dusche, Waschküche, Küche, Abstellraum, Garten, Blumenterrasse, Innenhof, Hühnerstall, Wasser, Elektrizität, Zentralheizung« (Mon Logis). Die Beschreibung der neuen Baumethoden, wie Serienbauweise, Taylorisation, armierter Beton, Schnelligkeit des Bauens, interessiert die Journalisten ebenso lebhaft. Aber die Architektur selbst wird nur selten analysiert. Und wo das doch geschieht, handelt es sich meist um eine einfache Wiederholung der Argumente, die Le Corbusier selbst in seinen eigenen Texten vorbringt. Das trifft in besonderem Maße für einen Artikel zu, der bezeichnenderweise »Die Wohnmaschine« heißt, und in der Zeitschrift einer Hausfrauenorganisation, »Mon chez moi« (Mein Heim) erschienen ist*. In diesem Beitrag folgen die Zitate der Texte von Le Corbusier immer dichter aufeinander, und schließlich setzt sich der ganze Text nach und nach auf merkwürdige und interessante Weise nur noch aus Zitaten von Le Corbusier zusammen. ... Schlagworte wie das »Architekturlaboratorium« (der Ausdruck stammt von Frugès, wurde aber aus guten Gründen bei der Werbung für die gesammelten Werke von Le Corbusier wieder aufgegriffen) und »Wohnmaschine« (wir werden die Doppeldeutigkeit aufzeigen, die dieser Ausdruck für seinen Urheber annehmen kann), vor allen Dingen die stereotypen Redewendungen Le Corbusiers dienen diesen Artikeln als Grundlage, so groß ist die mangelnde Urteilsfähigkeit der Öffentlichkeit – und der Journalisten, was gleichbedeutend ist – auf dem Gebiet der Architektur. Wir stellen fest, daß vierzig Jahre später eine große französische Wochenzeitschrift über den Tod Le Corbusiers mit allen seinen anekdotischen Aspekten und mit der gebotenen melodramatischen Emphase berichtete, während keine Übersetzung in die journalistische Sprache dieser Zeitschrift ausreichte, um das architektonische Werk nachzuzeichnen – was typisch ist für die Massenpresse, und in einem allgemeinen Sinne auch für jede Presse, die sich an ein bestimmtes Publikum wendet. Ist dies nicht auch heute noch kennzeichnend für den mangelnden Kontext zwischen der Öffentlichkeit und der Architektur? Wie in dem Fall von Pessac fand man praktisch immer wieder nur einfache Übernahmen zahlreicher Texte von Le Corbusier, die selbst oft schon voneinander abgeschrieben sind. Man könnte glauben, daß das Denken Le Corbusiers eine mystifizierende Wirkung hat, die jeden wirklich kritischen Gedanken bei anderen unterdrückt.

* Stellen wir nebenbei fest, daß sich die Verhältnisse wenig geändert haben seit jener Zeit und daß auch heute noch die Architektur hauptsächlich in der Frauenpresse einem großen Publikum nahegebracht wird.

Stellen wir fest, daß wir selbst in der Fachpresse für Architektur keinerlei Kritik oder Analyse des Projektes von Pessac gefunden haben, sondern nur eine einfache Präsentation, wie sie auch heute noch von vielen Architekturzeitschriften betrieben wird, in denen jede Kritik fehlt.
Durch das Fehlen von eigenen Gedanken zeichnet sich besonders ein Artikel von Dr. P. Winter aus, einem Mitglied der faschistischen Gruppierung »Le Faisceau« (Das Rutenbündel), der auch Le Corbusier selbst angehört haben soll. Mehr als andere Artikel macht er einen gewissen Aspekt von Le Corbusiers Konzeption in Pessac deutlich. Er verdient es, hier in extenso zitiert zu werden:

»Eines der dringendsten Probleme, für die der faschistische Staat eine rasche Lösung finden muß, ist das des gesunden Wohnens. Alle die elenden Behausungen in den Städten wird man abreißen müssen. Man wird neu bauen müssen, und dieser Wiederaufbau kann nur dann sinnvoll sein, wenn er von ganz neuen Vorstellungen ausgeht, nach einem Gesamtplan, der mit perfekter Kenntnis der modernen Mittel der Architektur ausgearbeitet wurde. ›Le Faisceau‹ muß hierzu ab sofort Stellung beziehen. Die interessierten Vereinigungen müssen gemeinsam die Probleme untersuchen, und sie dürfen keine Forschungsarbeit vernachlässigen.
Der Besuch, den wir dem Quartier Frugès in Pessac (in der Nähe von Bordeaux) abgestattet haben, war sehr lehrreich für uns. Wir haben dort die neuartige Verwirklichung eines Wohnbauprojektes in billiger Serienbauweise gesehen. Den Architekten Le Corbusier und Jeanneret, deren Arbeiten man kennt (man lese von Le Corbusier: ›Vers une Architecture‹ [Ausblick auf eine Architektur]) und von denen der berühmte Pavillon des ›Esprit Nouveau‹ auf der Ausstellung der dekorativen Künste stammt, stand dank der enthusiastischen Initiative des Herrn Frugès ein wahres Architekturlaboratorium zur Verfügung. Über 100 Häuser sind gebaut worden, das ist ein voller Erfolg. In dieser Gegend von Bordeaux, die so reich an Erinnerungen und an alten Traditionen ist, die Wohnform von morgen aus dem Boden wachsen zu sehen, jene Wohnform, die wir uns gewünscht haben, von der wir geträumt haben, ohne zu glauben, daß sie möglich wäre, das war für uns eine erregende Überraschung...
Glauben Sie, dieses Unternehmen ist von großer Kühnheit, und es ist nicht ohne viele Sorgen und ohne hinterlistige Fallen entstanden, denn jede Neuerung muß gegen Vorurteile ankämpfen, nicht nur gegen die der Kleinen, sondern auch gegen die der Großen!
Le Corbusier und Jeanneret haben bewiesen, daß ihr System lebensfähig ist. Das neue ›Spiel mit der Konstruktion‹, das sie erfunden haben, kann man auf dem Lande ebenso wie in der Stadt anwenden.

Wir stellen uns schon die großen Gartenstädte vor, die mehrstöckigen Villen, die ungeheuren Wolkenkratzer, die die Arbeit weit weg von den Wohnungen zentralisieren, was eine Wohnsituation im Grünen, eine Umgebung der Ruhe bedeutet, was Blumenzucht bedeutet und Sport, der jederzeit und in nächster Nähe möglich ist, der in frischer Luft am Fuße der Häuser oder auf den Dächern betrieben werden kann... Dank dieses neuen, vereinfachten Alphabetes wird es jedermann möglich sein, nach den vorhandenen Mitteln schnell die Wohnung seiner Wahl zu bauen: je nachdem in größter Bescheidenheit oder in höchster Großartigkeit. Das System kommt für das sorgfältig geplante kleine Bauernhaus in Frage, das der tüchtige Bauer sich baut, der den Ertrag der Erde, auf der er lebt, verbessert hat...
Es kommt für den Großgrundbesitzer oder den Industriellen in Frage, der sich eine luxuriöse Villa in einem erlesenen Rahmen leisten will. Es kommt für alle in Frage ... und in der kleinsten wie in der größten Behausung wird es den unerläßlichen Komfort geben, es wird dort die notwendigen Voraussetzungen für Gesundheit und Glück geben, die geeignet sind, das Leben der modernen Familie in dem Sinne zu verändern, wie wir es wollen.
Das bemerkenswerteste an dieser neuen Bauart ist vielleicht die Art und Weise, wie die Grundvoraussetzungen des Problems behandelt wurden, das heißt der theoretische Ansatzpunkt. Man besaß lediglich das vorteilhafte Baumaterial, den armierten Beton, den man nach Belieben formt und der ein starres Skelett abgibt, das solider ist als Stein. Und nun mußte man Ideen haben... Aus diesem neuen, dem Menschen zur Verfügung gestellten Material mußte man eine Behausung schaffen, die seinem Ideal entspricht. Man mußte in allen Stücken neu erfinden, indem man alle kostspieligen, altmodischen Traditionen vergaß, die aus alten Materialien, aus alten Vorurteilen und aus alten Gefühlen entstanden waren...
Es bedurfte eines wirklichen Glaubensaktes. Die Auswahl der Maße, die Anordnung der Räume, die Belüftung und die Lichtzufuhr wurden diktiert von unseren Bedürfnissen, den Bedürfnissen der Familie des 20. Jahrhunderts, die nicht existieren kann ohne eine helle Wohnzelle, dem besten Rahmen für ein gesundes Leben, wo es keine verborgenen, dunklen und staubigen Ecken gibt. Hängende Gärten, offene oder geschlossene Dachterrassen, Häuser, die über dem Boden schweben mit einem Garten darunter ... Sonnenterrasse, Wasser, Zentralheizung, die im Preis inbegriffen ist, Duschen, Wasserklosetts mit chemischer Selbstdesinfektion usw. ...
Die Wohnmaschine ist komplett. Sie ist nach Belieben erweiterungsfähig, je nach dem Bedürfnis des einzelnen, je nach der Familie, die dort wohnt... Aber immer werden sich dort die gleichen Elemente wiederfinden ... der Organismus mit allen seinen Organen; der

Kreis ist geschlossen, die Abfälle verschwinden, das Leben hinterläßt keinerlei Spuren, es häuft seine Exkremente nicht auf und es wälzt sich dort nicht in Schmutz und Krankheit, wie es in den elenden Behausungen der Armen und der Reichen geschieht, die wir nur allzu gut kennen...
Die große Serie ermöglicht zwar das billige Bauen, aber sie hat nicht zwangsläufig die Uniformität zur Folge. Mit einer begrenzten Anzahl von Figuren im Schachspiel sind unbegrenzte Kombinationsmöglichkeiten gegeben. In Pessac gleicht kein Haus dem anderen, wenn auch alle Häuser aus genormten Teilen gebaut sind. Jeder wird das Haus seiner Wahl erhalten, nach seinem Geschmack, nach seiner Persönlichkeit, nach seiner Gefühlslage... Das schreckliche Reihenhaus gibt es nicht mehr.
Der einheitliche Charakter des Grundbaustoffes, die geometrisch bestimmten Beziehungen der einzelnen Elemente lassen (und das ist kein reiner Zufall) eine außergewöhnliche Harmonie entstehen – die architektonische Schönheit ergibt sich von selbst, in dem Maße, in dem das Haus beim Bauen seine Form annimmt. Die Anordnung der Häusergruppen in dem gegebenen Gelände und in dem vorhandenen Grün, die Farben, die für die Außenwände ausgewählt werden, das genügt, um die Bauten zwanglos der Umgebung anzupassen. Nichts stört, sie sind da, eine neuartige, aber sehr wohnliche Vision, die ihren Platz in der Natur einnimmt, ohne Anstoß zu erwecken, ohne Schock für das Auge, ihrem Zweck vollkommen angemessen... Weder komplizierte Dächer noch stilisiertes Gebälk waren nötig, und es gibt weder Giebel noch Türmchen noch falsches Schnitzwerk, weder imitierten Bruchstein noch Ziegelmosaik... Es gibt nur die reine Linie, und das ist ein Sieg! Die geraden Flächen und die einfachen Körper, das ist eine große Wiederentdeckung unter der Sonne.
Seit Jahren befinden wir uns in einer Periode, in der die Architektur tot ist; unüberwindlicher Traditionalismus hat sie der Häßlichkeit und der Verschwendungssucht ausgeliefert. Wer von uns kann ohne Abscheu eines unserer neuen Bauwerke ansehen, diese wunderliche Mischung aus allen Kunststilen früherer Zeiten? Aber alle bewundern wir heute ein schönes Auto, ein Dampfschiff, eine Brücke, eine Fabrik. Auf die gleiche Art, mit derselben Empfindung bewundern wir die Bauten von Le Corbusier und Jeanneret. Wenn wir ihr Werk im Ganzen betrachten, entdecken wir, daß sie vor allen Dingen Dichter sind. Ohne große Beredsamkeit, mit einfachen Mitteln und strengen Prinzipien (eine Prosodie mit strikten Regeln), mit geschärftem Sinn für die Ökonomie tragen sie zur Geburt einer neuen Ästhetik bei, die spontan zum Klassizismus zurückkehrt. Eine große Hoffnung beseelt sie, und sie sind sich dessen sicher, was sie tun. Heutzutage braucht man einen klaren Kopf und ausgeprägten Zynismus, um

Erfolg zu haben... um den Turm von Solness zu erbauen und ihn standfest zu machen, so hoch er auch sei, um nicht, von Schwindel ergriffen, abzustürzen und machtlos zu sterben!
Ist dies alles schon getan worden?
Wir kennen andere Namen, andere Bauten ... Arbeitersiedlungen sind schon lange vor der von Pessac gebaut worden... Es gibt gerade eine Renaissance der Architektur, aber im modernen Wohnungsbau ist niemals etwas ebenso Gutes gemacht worden, mit einem so genauen Plan, mit einer so weitgehenden Befriedigung der gegenwärtigen Bedürfnisse, der Anforderungen der Gesundheit und der Hygiene ... und niemals hat man dem Baupreis so viel Überlegungen gewidmet. Man hat niemals gewagt, in diesem Ausmaße Normen anzuwenden.
Der faschistische Staat wird schnell vorangehen müssen, er wird eine Methode wählen und eine nationale Baupolitik entwickeln. Es darf nicht mehr erlaubt sein, weiterhin unter dem Vorwand von Freiheit und Demokratie elende Behausungen zu bauen, ohne Kanalisation, ohne Komfort, ohne Luft und Licht, nach den Gesetzen der Bodenspekulation, die unter Kultur stehende Flächen dem sofortigen Gewinn der schamlosen Ausbeutung opfert und der Phantasie der Pappmaché-Architektur freien Lauf läßt, die schließlich nirgendwo hinführt außer zur Häßlichkeit.«

Der allgemeine Ton des Artikels und die unterschwellig zum Ausdruck gebrachten politischen Ideen sprechen in ausreichendem Maße für sich selbst, so daß es nicht nötig ist, hierauf noch näher einzugehen. Wie P. Francastel* betont hat, ist Le Corbusier ein Mann der Ordnung. »Diese Ordnung entwickelt er in gleicher Weise, wenn es sich um die innere Logik eines Bausystems, wie wenn es sich um die Soziallehre handelt.« Wir fragen uns nur, ob zwischen den beiden fraglichen Ordnungssystemen tatsächlich ein Zusammenhang besteht. Unabhängig davon, daß Le Corbusier einer faschistischen Gruppe hat angehören können** und auf der anderen Seite das Centrosojus in Moskau gebaut hat, fragen wir uns, ob nicht die Tatsache, daß die einen ihn des Faschismus und die anderen des Bolschewismus beschuldigt haben, ein Kennzeichen dafür ist, daß die gleichen Bauwerke als Bannerträger für verschiedene oder entgegen-

---

* Pierre Francastel, »Art et technique«, Paris 1956.
** Francastel fügt hinzu: »Es liegt mir daran zu sagen, daß Le Corbusier die allergrößte Würde bewiesen hat in einer Zeit, als die Anhänger einer »neuen Ordnung« Frankreich besetzt hatten... Wie heftig auch immer die Kritik ausfallen mag, sie läßt die Loyalität und die Ehre des Mannes unberührt.«

gesetzte Ideen dienen können. Und wir fragen uns, ob die Ordnung der Dinge und die der Ideen sich wirklich gegenseitig bedingen, und zwar in eindeutiger Weise, wie es gelegentlich unterstellt wird.
»Mehr als hundert Häuser sind gebaut worden, und das ist ein voller Erfolg.« Es ist bekannt, daß man schließlich das Loucheur-Gesetz zu Hilfe nehmen mußte – das für diesen Zweck abgewandelt worden war – um für die einundfünfzig wirklich gebauten Häuser Käufer zu finden! ... Außer auf diese ständige emphatische Übertreibung muß auf gewisse Ausdrücke hingewiesen werden. Man betrachte besonders das »man hat es niemals gewagt, in diesem Ausmaße Normen anzuwenden« und »die Kühnheit« der Unternehmung sowie die Formulierung »man hat Vertrauen gehabt« zu den Organisationsideen, der Normung, der Taylorisation, zu der wir ebenfalls »tiefes Vertrauen haben« (Artikel in »Mon Logis«). Die beiden Formulierungen stützen die Interpretation, die wir der Normung bei Le Corbusier geben. Wird wirklich nur das Projekt selbst genormt, oder nicht auch diese »moderne Familie«, die »Familie des zwanzigsten Jahrhunderts« – die Ausdrucksweise im Singular scheint die implizite Normung der Familie zu beweisen, deren Bedürfnisse eine »so weitgehende Befriedigung« erfahren: »Es wird dort die notwendigen Voraussetzungen für Gesundheit und Glück geben, die geeignet sind, das Leben der modernen Familie in dem Sinne zu verändern, wie wir es wollen.« Man ist erstaunt, nicht den vollständigen Ausdruck vorzufinden, »die notwendigen und ausreichenden Bedingungen.« Aber trösten wir uns, man findet ihn anderswo, in den »Unterhaltungen mit den Architekturstudenten« von Le Corbusier (»den notwendigen und ausreichenden Rahmen herzustellen für ein Leben, das zu erhellen wir die Macht haben«).
Halten wir schließlich noch gewisse Punkte des Artikels fest, auf die wir zurückkommen werden:
Das »Spiel mit der Konstruktion«, ein Ausdruck, der in der Gruppendiskussion wieder auftaucht (aber nicht um Pessac zu definieren, sondern um das zu definieren, was man heute tun müßte).
Der »Traditionalismus« der Gegend von Bordeaux, eine wesentliche Voraussetzung der Untersuchung.
Der Faktor »Solidität« (»Der armierte Beton ergibt ein starres Skelett, das solider ist als Stein«, »Phantasie der Pappmaché-Architektur, die schließlich nirgendwo hinführt außer zur Häßlichkeit«), ein Faktor, der im Verlauf der Unterhaltungen mit den Einwohnern wieder auftauchen wird.
Die Geburt einer »neuen Ästhetik, die zum Klassizismus zurückkehrt«; die paradoxe Zweideutigkeit dieses Phänomens ist eines der fundamentalen Charakteristika der Architektur von Le Corbusier, eines Mannes, der zugleich Traditionalist und Revolutionär war.

» *Dies ist ein Beispiel moderner städtebaulicher Planung, bei dem die historischen Reminiszenzen, das Schweizer Chalet, das elsässische Taubenhaus in das Museum der Vergangenheit verbannt worden sind. Ein Geist, der frei ist von romantischen Fesseln, versucht eine gut gestellte Aufgabe zu lösen...*«
Le Corbusier

3 Die Konzeption Le Corbusiers für Pessac

Der zeitgenössische architektonische Kontext und die Konzeption Le Corbusiers

Nach dem ersten Weltkrieg entstand die, wie einige es genannt haben, »heroische Epoche« der modernen Architektur. Sicher, auch schon vor 1920 hat es Pioniere gegeben, wie zum Beispiel Adolf Loos, die den Anstoß für die Bewegung gegeben haben. Aber die markanten und entscheidenden Bauten der modernen Architektur sind zwischen 1920 und 1930 entstanden, insbesondere in der zweiten Hälfte dieses Zeitabschnittes. Das Rietveld-Haus in Utrecht stammt von 1923, aber die Gebäude des Bauhauses, von Gropius entworfen, und sein Projekt des totalen Theaters, das »Dimaxion-House« von Fuller, die Bibliothek in Viipuri und das Sanatorium in Paimio von Alvar Aalto, der Barcelona-Pavillon von Mies van der Rohe, sie alle entstanden gegen Ende dieses Jahrzehnts. Pessac datiert aus der Zeit unmittelbar vor der Errichtung dieser wegweisenden Bauten.

Im Werk von Le Corbusier liegt Pessac ein wenig früher als die berühmte Villa Savoye in Poissy und die Villa in Garches (1927), diese Meisterwerke, welche die Ära der Landhäuser des Architekten in der Pariser Region krönen: Le Corbusier baute damals die Villen in Vaucresson (1922), die Villa des Malers Ozenfant in Paris (1922), das Haus La Roche-Jeanneret in Auteuil (1923), die Villa Meyer in Paris (1925) und das Haus Cook in Boulogne-sur-Seine (1926). Pessac wurde also in einem Augenblick entworfen, als die inter-

nationale moderne Architektur eine große Produktivität entfaltete und als eine erste schöpferische Periode des Architekten ihren Höhepunkt erreicht hatte. Die Ideen, die man in Pessac findet, sind sicherlich nicht die alleinige Erfindung von Le Corbusier; sie gehören einer allgemeinen internationalen Bewegung an. Insbesondere die »Serienproduktion« und die »Normung« sind von anderen Architekten ersten Ranges vertreten worden, unter ihnen Gropius und Wachsmann. In Frankreich selbst wurden sie von André Lurçat und anderen propagiert.
Außerdem gehören die Wohnbauten von Pessac ästhetisch gesehen und ihrer technischen und konstruktiven Konzeption nach zu einer Richtung, die man, grob gesagt, eine kubistische Ästhetik nennen könnte; sie haben ihren Ursprung in einer Bewegung, die weit über den Rahmen der Architektur hinausgeht. Obwohl Le Corbusier also einen Weg verfolgt, auf dem er nicht das absolute Privileg hat, sollte man doch seine Architektur der seiner Zeitgenossen gegenüberstellen. Diese Möglichkeit bietet uns die Weißenhofsiedlung, die 1927 in Stuttgart anläßlich der Werkbund-Ausstellung gebaut wurde. Dort finden sich in *einem* Komplex die Bauten von einigen der größten Architekten der Zeit, unter ihnen Mies van der Rohe, Gropius, Scharoun, Oud, Behrens und Le Corbusier.
Obwohl ein Vergleich der verschiedenen Bauten dieser Siedlung die Überlegenheit der Werke von Le Corbusier recht klar zum Ausdruck bringt, so interessiert uns hier doch vor allem die Gruppe der fünf Reihenhäuser von J. J. Peter Oud, deren Ausmaße (5 m × 10,50 m) denen des Projektes von Pessac (5 m × 12,50 m) sehr ähnlich sind; die gleiche Anzahl der Stockwerke und die vollkommene Ähnlichkeit in den Hauptteilen erleichtern den Vergleich. Dieser Vergleich wurde übrigens in der Entstehungszeit der Bauten von einer deutschen Zeitschrift schon einmal durchgeführt - in »Wasmuths Monatsschriften für Baukunst« -, und dort fiel er nicht sehr günstig für das Projekt von Le Corbusier aus.
Ohne von vornherein über die Qualitäten des einen oder des anderen Entwurfs urteilen zu wollen, scheint uns der wesentliche Unterschied der beiden Konzeptionen in dem - verglichen mit Le Corbusier - überbetonten Funktionalismus des Entwurfs von Oud zu liegen. In einer Monographie über J. J. P. Oud schreibt Giulia Veronesi, »daß er dort den Höhepunkt seines ›funktionalistischen‹ Experiments erreicht.˙ Die Innenräume sind auf rigorose Weise ›rationell‹, und gehören zu dem reinsten, was Oud je entworfen hat.«
Praktisch ist jede Parzelle des Raumes so angelegt, daß sie eine ganz bestimmte Funktion erfüllt, ohne Überlagerung mehrerer Funktionen. Der Entwurf von Le Corbusier dagegen scheint freier und, verglichen mit dem mechanistischen Plan von Oud, von erstaunlicher

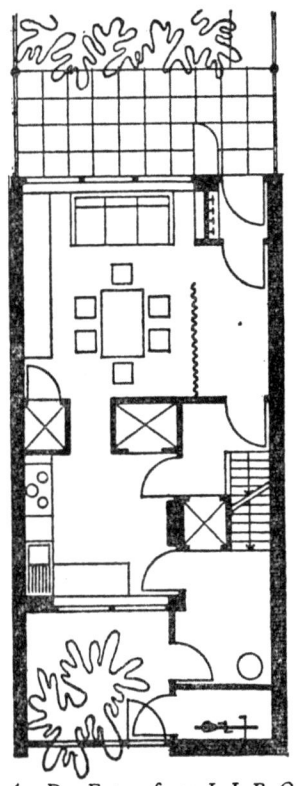 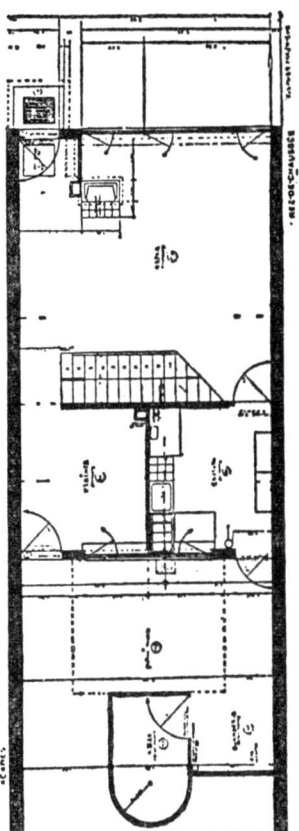

1 Der Entwurf von J. J. P. Oud in Stuttgart, Weißenhofsiedlung (links) und von Le Corbusier in Pessac (rechts)

Einfachheit: Vier Quadrate, zwei von 5 m × 5 m und zwei von 2,50 m × 2,50 m. Wenn man zum besseren Vergleich den Raum, der allein als Verkehrsfläche dient, grau einzeichnet, dann zeigt sich, daß er in dem Entwurf von Oud ein unvergleichlich größeres Ausmaß hat als in dem von Le Corbusier, wo er sich schließlich auf 1 qm begrenzt, nämlich den oberen Absatz der Treppe. Genauer gesagt, ist bei Oud die Treppe selbst in einem Treppenhaus eingeschlossen und erfüllt lediglich die einfache und reine Verkehrsfunktion, während in dem Entwurf von Le Corbusier die Treppe sich im Wohnzimmer befindet, das man von dort aus sehen kann, während man vom Wohnzimmer aus die Treppe sieht. Sie trägt so zum »architektonischen Spaziergang« bei, den Le Corbusier schätzt (siehe die obenstehenden Grundrisse).

Funktionalismus und Maschinenpoesie

Es ist interessant festzustellen, daß die städtebaulichen Theorien von der Trennung der Funktionen, die Le Corbusier aufgestellt hat, in seiner Architektur nicht verwirklicht worden sind, insbesondere nicht in Pessac. Für die wohlbekannte Trennung zwischen »Wohnen«, »Verkehr«, »Arbeit« und »Pflege des Körpers und des Geistes« findet sich in der Bauweise von Pessac kein Äquivalent. Es gibt dort zum Beispiel keine Gänge, keine Freiräume, die allein dem Verkehr vorbehalten sind. Der Entwurf von Oud dagegen enthält mehrere solcher Elemente, deren einzige Funktion der Zugang zu den jeweiligen Türen ist. (Sicherlich, man kann uns vorwerfen, daß wir bedenkenlos von städtebaulichen Konzeptionen zu architektonischen Konzeptionen übergehen. Aber wir werden sehen, daß die Grenze zwischen den beiden nicht so klar definiert ist, wie man denken sollte.) Die Gegenüberstellung der beiden Entwürfe und unsere Interpretation könnten als Subjektivismus eingestuft werden, wenn wir die Ergebnisse des Vergleichs nicht gerade im Laufe der Untersuchung, die wir bei den Einwohnern durchgeführt haben, gewonnen hätten: die übliche Einordnung Le Corbusiers in die Kategorie der funktionalistischen und rationalistischen Architekten erscheint, im Hinblick auf seine architektonische Konzeption, außerordentlich vereinfachend. Es war eines der Ergebnisse dieser Untersuchung, daß wir bei den Bewohnern eines realisierten Planungskonzeptes, das aus einer *theoretischen* Klassifikation hervorgegangen ist, mit der Realität und mit den *praktischen* Bedingungen des architektonischen »Funktionalismus« in Berührung gekommen sind. Es ist merkwürdig zu beobachten, daß einige Bewohner das Fehlen von Rationalität beklagen, wie die folgenden Ausdrücke deutlich zeigen: »nicht logisch«, »nicht rationell«, »unbequem«, »hinderlich«, »unnütz«. Diese Kritik ist im ersten Augenblick überraschend, wenn man bedenkt, daß sie dem Autor der »Wohnmaschine« und des »Werkzeughauses« gilt... Wenn man jedoch bestimmte Passagen in den Schriften Le Corbusiers überprüft, stellt man fest, daß er das Wort »Maschine« nicht ohne Zweideutigkeit benutzt:

»Das Wort *Maschine* kommt, wie uns das Lexikon verrät, aus dem Lateinischen und dem Griechischen und hat eine Bedeutung von *Kunstfertigkeit* und von *List:* ›zusammengesetzter Apparat, der bestimmte Effekte hervorbringen soll‹..., der den notwendigen und ausreichenden Rahmen abgeben soll für ein Leben, das zu erhellen wir die Macht haben, indem wir es mit den Mitteln der Kunst über die Erde erheben, wobei unsere Aufmerksamkeit einzig und allein auf das Glück der Menschen gerichtet ist...«

Die Zweideutigkeit ergibt sich hier aus dem Gegensatz zwischen dem Funktionalismus und der Poesie des Maschinellen. Auf der einen Seite die Wissenschaft und der Funktionalismus des »Notwendigen und Ausreichenden«, auf der anderen die »Effekte«, die »Listen«, die »Kunstfertigkeit«, und alles dank den »Mitteln der Kunst«.
Offenbar haben diese Kunstmittel – sie sind in Pessac sehr zahlreich – heute bei den Einwohnern alle Wirksamkeit verloren, wenn sie jemals eine gehabt haben sollten: die Durchsicht, die durch die Abfolge der Terrassen ermöglicht wird, oder die Transparenz der Arkaden vor dem Grün sind wahrhafte »Effekte« (siehe die Fotos, die den ursprünglichen Zustand zeigen), die heute ganz und gar verschwunden sind hinter Umbauten, die diese Wirkungen völlig außer acht lassen. Ebenso stellt die Außentreppe, die von der ersten Etage zur Dachterrasse führt und ursprünglich ohne jeden Zweifel aus einer rein poetischen Absicht Le Corbusiers entstanden ist, für die Einwohner – und für die Passanten – ein irrationales Element ständiger Unbequemlichkeit dar. Übrigens ist die poetische Absicht Le Corbusiers hier nachweisbar: dieselbe Absicht bringt er in einem kleinen Text zum Ausdruck, den er über ein Haus geschrieben hat, das er zur gleichen Zeit am Ufer des Genfer Sees gebaut hat. Der Text, »Une petite maison« (Ein kleines Haus) überschrieben, ist von verblüffender Einfachheit: »Man steigt auf das Dach, ein Vergnügen, das es in gewissen Zivilisationen zu gewissen Zeiten gegeben hat.«
In diesem Text findet man die folgenden »authentischen Fakten der Architektur« ausgedrückt:
»Ein Brett dient als Bar, und dahinter erhellen drei kleine horizontale Fensterchen den Keller. Das kann genügen, um glücklich zu machen. (Wenn Sie nicht dieser Ansicht sind, gehen Sie weiter!)...«

Serie und Normung

Die Bedeutung des »Funktionalismus« in Pessac war also der erste Punkt, der, aus dem architektonischen Zusammenhang der Zeit entstanden, einer Klärung bedurfte.
Ein anderer Punkt war, nach unserer Meinung, ebenfalls unklar: die »Normung«. Hier ist man geneigt zu fragen, wieweit die Motivation Le Corbusiers rein technischer Natur war, oder ob sie ein ideologisches Element enthielt:

»Nach und nach werden die Baustellen industrialisiert werden[*], die Einführung von Maschinen wird zur Entwicklung von Element-

---

[*] »Almanach de L'Esprit Nouveau«, S. 81.

typen führen; der Grundriß der Wohnung selbst wird verändert werden, eine neue Ökonomie wird dort herrschen. Die Element-Typen werden zur Einheitlichkeit des Details führen und die Einheitlichkeit des Details ist eine der unerläßlichen Voraussetzungen für die Schönheit der Architektur ... Die Städte werden dann ihr chaotisches Aussehen verlieren, das sie heute entstellt. Es wird Ordnung herrschen, der Verlauf neuer Straßen, die breiter sind und reicher an architektonischen Lösungen, wird unseren Augen ein wunderbares Schauspiel bieten. Dank der Maschine, dank des typisierten Elements, dank der Auswahl, dank der Normung wird sich ein Stil entwickeln...«

Ist der ethische und ästhetische Glaube hier nicht größer als der Wunsch nach technischer Klarheit? (Wir haben das besonders ausführlich in einigen der zitierten Presseartikel gefunden: »Man hat es niemals gewagt, in diesem Ausmaße Normen zu verwenden.«) Übrigens scheint es 40 Jahre später, daß die Industrialisierung des Bauens kaum »nach und nach« erreicht werden kann, wie die verschiedenen Mißerfolge gezeigt haben. Die 50 Häuser, die in Pessac gebaut worden sind, und selbst die 200, die geplant waren, stellen noch keine Serie dar. (In Lèges bestand die Serie sogar nur aus 10 Häusern.) Und wenn die Schwäche der Methode selbst schon in Texten von Le Corbusier deutlich wird, so erscheint die Normung tatsächlich als eine Ideologie und nicht als eine technische Entdeckung. (Die Normung existiert übrigens in gewisser Weise schon seit langem beim Bauen mit Standardelementen, z. B. mit Ziegeln.) Urteilen wir hierüber nach dem folgenden Text, der im »Almanach de L'Esprit Nouveau« erschienen ist, und in dem Le Corbusier ein Gespräch zwischen ihm selbst und Frugès über das Problem der Normung wiedergibt:

Eine Norm löst kein architektonisches Problem
Wir: Für jedes dieser Häuser und für jede dieser Häusergruppen war eine sehr minuziöse Ausarbeitung, auf 5 cm pro Meter genau, am Zeichenbrett nötig. Minuziös und genau und sinnreich mußte diese Ausarbeitung sein, und zwar um so minuziöser, genauer und sinnreicher, als wir in Pessac nur mit genormten Elementen gearbeitet haben: überall das gleiche Fenster, überall die gleiche Treppe, die gleiche Tür, die gleiche Heizung, die gleiche Betonzelle von 5×5 m oder von $2,5 \times 5$ m, die gleiche Küchenausrüstung, die gleiche Wascheinrichtung, das gleiche WC.
Henri Frugès: Aber bedeutet das nicht den Bankrott der Normung, der Serie? Da alles vereinheitlicht ist, sollte man meinen, daß systematische Angaben in Zahlen oder Buchstaben genügen würden, um dem Polier die Lage jeden Hauses und seine Öffnungen zur Sonne hin anzugeben.

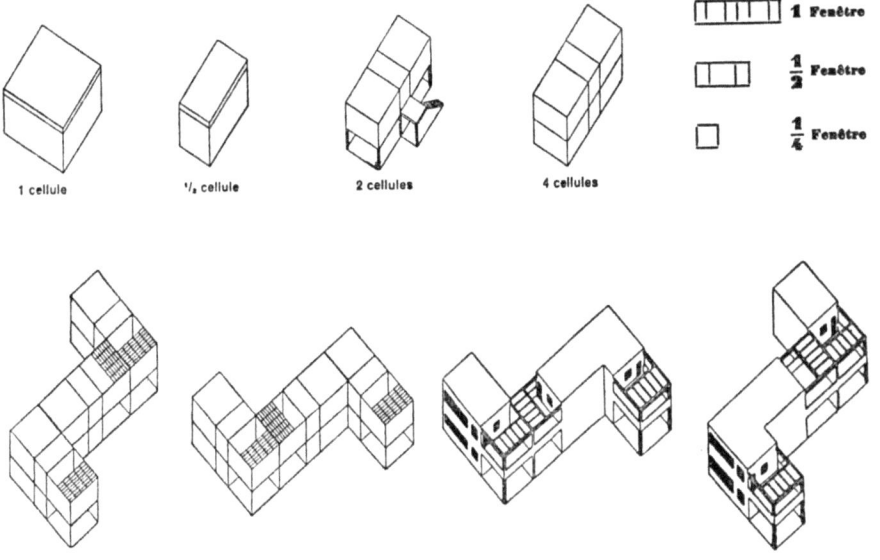

2 Das Prinzip der Normung

Wir (der wir uns seit einem Jahr mit dem schwierigen Fall herumschlagen): Das bedeutet in der Tat den Bankrott der Normung! Zumindest bedeutet es, daß in ihr nicht das Heil zu finden ist. Ein Bauwerk kann nur dann Gefühle wecken und unsere Sensibilität anrühren, wenn die Form von wirklichen Absichten diktiert worden ist. Für diese Absicht wird Herr X (der Unbekannte, der der Besitzer eines dieser Häuser werden wird) nur dann empfänglich sein, wenn wir sie dort hineingelegt haben. Deshalb haben wir uns die Mühe gemacht, ihn auf einem kleinen Stück Boden zu überzeugen, indem wir ihm das günstige Licht geben, das er braucht, indem wir störenden Wind abhalten, indem wir seinen Blumen und seinem Obst Sonne geben, seine Küche sorgfältig planen, seine Tür auf den Zufahrtsweg hin öffnen und seine Fenster zum schönen Blick hin, indem wir seinen Ruheplatz vor den Blicken der Nachbarn schützen usw. . . .
Wenn wir nicht jedem einzelnen Haus liebevolle Aufmerksamkeit schenkten, würden wir »Arbeiterunterkünfte« bauen, und das wäre der Bankrott der Serie und der Normung, weil die Wohnungen unwohnlich wären. Die Normen sind Buchstaben, und aus diesen Buchstaben muß man in gewisser Weise den Eigennamen des zukünftigen Besitzers schreiben.

In diesen beiden letzten Sätzen wird die eigentliche Grundlage von Le Corbusiers Konzeption in Pessac ausgesprochen: man kann an-

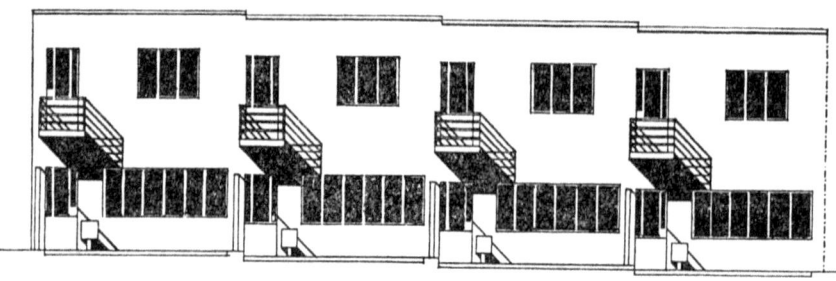

3 Die Reihenhäuser von J. J. P. Oud in der Weißenhofsiedlung, Stuttgart 1927: man vergleiche diese Fassade mit der von Le Corbusier (Foto 24 im Anhang)

nehmen, daß die Einwohner sich in der Folge die Mühe gemacht haben, ihre Namen auf ihre eigene Art zusammenzusetzen. Auf diese Weise wird klar, daß die Normung nur die einzelnen Elemente betrifft und nicht das ganze Haus. Aber wenn man auf die Ebene des Städtebaus übergeht, wird das Haus selbst zum Einzelelement (und Pessac »ist ein Beispiel moderner städtebaulicher Planung«). Durch das Spiel von Beziehungen bei der Anordnung der gleichbleibenden Elemente (siehe Bild 2 auf Seite 43) versucht Le Corbusier Vielfältigkeit und sogar Individualität zu erreichen: »Das rationelle Bauen in Kuben zerstört nicht die Einzelinitiative.«

Von der baulichen Anlage zur städtebaulichen Komposition

Betrachten wir also die Anordnung und die relative Individualität der Häuser. Auch hier ist es interessant, die Konzeption der Beziehungen bei Le Corbusier und bei J. J. P. Oud zu vergleichen. Oud stellt in Stuttgart ganz und gar identische Häuser nebeneinander. In einem anderen Projekt, der »Kiefhoek-Siedlung« in Rotterdam, geht Oud sogar so weit, auf einer durchschnittlichen Länge von 100 m absolut gleichförmige Fassaden anzubringen. Dort ist es absolut unmöglich, abzulesen, welches Fassadenelement zu welchem Haus gehört. In Pessac entsteht die Originalität durch die alternierende, seitenverkehrte Anordnung der Häuser.
Auf diese Weise ist jedes Haus von seinen Nachbarhäusern absolut unterschieden. Die Vielfältigkeit und die Verschiedenartigkeit werden also durch das Versetzen identischer Elemente erreicht. Aber dieses Prinzip beschränkt sich nicht auf den äußeren Anblick der Fassaden, sondern ihm entspricht eine tatsächliche Abgrenzung der Nachbarn gegeneinander; dank diesem alternierenden System grenzt

zum Beispiel ein Schlafzimmer an die Terrassen der Nachbarhäuser, so daß es von den Räumen abgewandt liegt, die die gleiche Funktion haben und also zur gleichen Tageszeit benutzt werden könnten. Dadurch, daß Räume mit verschiedener Funktion nebeneinandergelegt werden, wie Schlafzimmer/Terrasse oder Eßzimmer/Patio, die nicht gleichzeitig benutzt werden, ist die Abgrenzung zum Nachbarn äußerst wirksam, und zwar sowohl in praktischer wie in psychologischer Hinsicht, was auch die Einwohner betonen:

M-3 Das ist intim, sehen Sie! . . . Man hört nichts von den Nachbarn auf der anderen Seite, weil das umgedreht ist . . .

F-10 Das ist gut, weil Sie keinen Lärm hören: wenn ich Besuch habe, hört man es hauptsächlich im Garten, und wenn diese Dame Besuch hat, hört man es eher auf der Straße . . .

F-3 Die seitenverkehrte Anordnung der Häuser, das eine andersrum als das andere, das finde ich sehr gut, weil man sich unter Nachbarn überhaupt nicht stört; wenn ich hinten in meiner Küche bin, ist meine Nachbarin dort in ihrer Küche . . . Ich gehe hinten raus, um meinen Mülleimer auszuleeren und all das, und sie, . . . sie geht vorne raus . . . im Grunde braucht man sich den ganzen Tag lang nicht zu sehen . . . obwohl ein Haus an das andere angebaut ist, hat man das Gefühl, für sich zu sein . . .

Also gibt es auch eine psychologische Wirksamkeit, wie die Redewendung: »Man hat das Gefühl . . . « zeigt. In der Tat ist der subjektive Eindruck, allein zu sein, ebensoviel wert, wie die Tatsache, es wirklich zu sein. In einer Reihenhaussiedlung, wo wir einige Leute befragt haben, existiert eine faktisch wirksame Abgrenzung zum Nachbarn, aber dort ist man sich dessen nicht bewußt. »Ja, man hört die Nachbarn. Wenn man sehr laut schreit, kann man das hören.« Durch die psychologische Wirkung werden die verschiedenen und entgegengesetzten Ansichten der Einwohner über ein scheinbar objektiv vorhandenes Problem erklärlich (»Nein, man hört die Nachbarn nicht, man wird überhaupt nicht gestört . . . « oder: »Man hört alles! . . . Dusche, Fernsehen, sogar den Lichtschalter! . . . «).
Durch die geschilderte Anordnung wird das Grundproblem, das sich bei der Verwendung von Reihenhäusern stellt – deren beträchtliche ökonomische Vorteile in bezug auf Raum, Konstruktion und Heizung bekannt sind – auf bemerkenswerte Weise gelöst.
Es ist wichtig zu unterstreichen, wie das technische Problem der Abgrenzung, das auch durch die Wahl des Materials geschickt hätte gelöst werden können, hier ganz einfach durch die Anordnung der

Häuser gelöst wird, was jedoch eine städtebauliche Lösung erfordert. Die Lösung, die für ein technisches Detailproblem gefunden wird, bringt deutlich die Wechselbeziehungen zwischen Individuum und Kollektiv ins Spiel, die ja gerade der eigentliche Ursprung des Problems sind. Die Lösung eines Problems kann also auf der Ebene der technischen und der Detail-Konstruktion gefunden werden, auf der Ebene der Architektur oder auf einer höheren Ebene des städtebaulichen Entwurfs. Städtebau und Architektur sind hier eng miteinander verbunden.

Wir müssen jetzt untersuchen, wie – auf der höchsten Ebene – die städtebauliche Lösung beschaffen war, die Le Corbusier gewählt hat. Wenn man die »Unités d'habitation« ausnimmt, die ja gerade als »Unités« für sich genommen keine städtebauliche Gruppe bilden – und man weiß, wie sehr Le Corbusier bedauert hat, daß er nicht mehrere zusammenstehende »Unités« in einer Gruppe hat bauen können – dann sind schließlich Pessac und Chandigar die einzigen städtebaulichen Projekte, die er tatsächlich ausgeführt hat. Dabei muß man allerdings zugeben, daß 51 Häuser eine städtebauliche Gruppe bilden (ursprünglich waren 200 Häuser geplant worden), während das für die 320 Wohnungen, die in einer Unité untergebracht sind, nicht zutrifft. Diese Feststellung ist paradox, aber sie bringt ganz klar zum Ausdruck, daß es bei Le Corbusier von Anfang an einen Gegensatz zwischen zwei städtebaulichen Konzeptionen gegeben hat. Die eine bezieht sich auf die horizontale Gartenstadt und zeigt sich unter anderem in dem Projekt der »Maisons Monol«, die andere zielt auf die vertikale Konzentration, und hieraus entstand der Plan von Paris von 1925. Man findet hier den klassischen Gegensatz zwischen Kollektivismus und Individualismus, von dem schließlich jedes stadtplanerische Problem, welcher Art auch immer, betroffen ist: Versorgungseinrichtungen, Eigentum, Ästhetik, Gesetzgebung usw... Und gerade diesen Gegensatz versucht Le Corbusier aufzuheben, indem er in der »Unité d'habitation« eine individuelle Isolation und eine übertriebene Gemeinschaftlichkeit nebeneinander existieren läßt.

Obwohl die Konzeption von Pessac von der entgegengesetzten Idee der *Gartenstadt* ausgeht, zeigt sie dennoch schon die ersten Ansätze der Konzentration, die sich in den »Unités d'habitation« findet (um nicht, der Interpretation von P. Francastel folgend, von »Konzentrationismus« zu sprechen), und wenn der Bauherr Frugès, eine eigensinnige Persönlichkeit, in diesem Punkt nicht anderer Meinung gewesen wäre als Le Corbusier, weil er »den Arbeitern ganz und gar individuelle Häuser anbieten« wollte, dann hätte man zweifellos in

Frankreich, in Pessac, Musterstücke jener »Einzelhaus-Wohnblocks« gehabt, die Le Corbusier ab 1922 geplant hat. Diese Idee ist eine perfekte architektonische – und verbale – Formulierung des Gegensatzes zwischen individuell und kollektiv, der im Zentrum seiner Überlegungen stand, bis er die Lösung der »Unité d'habitation« fand. Aber schließlich einigten sich Frugès und Le Corbusier auf die halbindividuelle Lösung, die Häuser auf verschiedene Weise anzuordnen, zu zweit oder zu dritt oder in Reihen von fünf oder sechs Häusern, mit einigen Einzelhäusern dazwischen. Treffen wir hier nicht wieder auf das Problem der Normung, wie wir es oben dargelegt haben? Es ist verlockend, auch hier wieder eine Erscheinungsform des Gegensatzes zwischen individuell und kollektiv zu sehen. Die Normung ist eine ökonomische und konstruktive Notwendigkeit kollektiver Art. Aber sie schließt das Individuelle nicht aus, ja sie führt sogar dorthin. Übrigens erforderte die Technik nicht unbedingt die Normung in Pessac, wie wir als Hypothese aufgestellt haben. Diese erscheint vielmehr als die Rechtfertigung einer Ideologie, die von den städtebaulichen Vorstellungen Le Corbusiers bestätigt zu werden scheint.

Architektur und Wohnen

Ohne Zweifel noch wesentlicher als das, was wir bisher über die Konzeption Le Corbusiers gesagt haben, ist die simple Absicht, auf dem Gebiet des Wohnens »Architektur zu machen«. Die Gründe dafür finden sich in einem späteren Kapitel, wo insbesondere dargelegt wird, daß es keineswegs einleuchtend ist, Wohnbau und Architektur vereinen zu wollen.

»Sie wissen, daß in der Ecole des Beaux Arts in Paris*, einer der größten Schulen, in der Architektur gelehrt wird, der Wohnbau niemals auf dem Unterrichtsprogramm gestanden hat. Dem, was das Leben aller ausmacht, hat man keinerlei Aufmerksamkeit geschenkt: dem Täglichen, dem Augenblick und den Stunden, die man Tag für Tag, von der Kindheit bis zum Tod, in Schlafzimmern verbringt, jenem rechteckigen, einfachen Raum, der bewegend sein kann, weil er der hauptsächlichste Schauplatz unserer Sensibilität ist, seit der Minute, in der wir die Augen zum Leben öffnen. 1920, als wir den »Esprit Nouveau« gegründet haben, hatte ich dem Haus seine eigentliche Bedeutung gegeben, indem ich es als »Wohnmaschine« bezeichnete, ... Ein ausschließlich humanes Programm, das den Menschen wieder in das Zentrum der architektonischen Schöpfung

---

* Unterhaltung mit den Architekturstudenten, 1943.

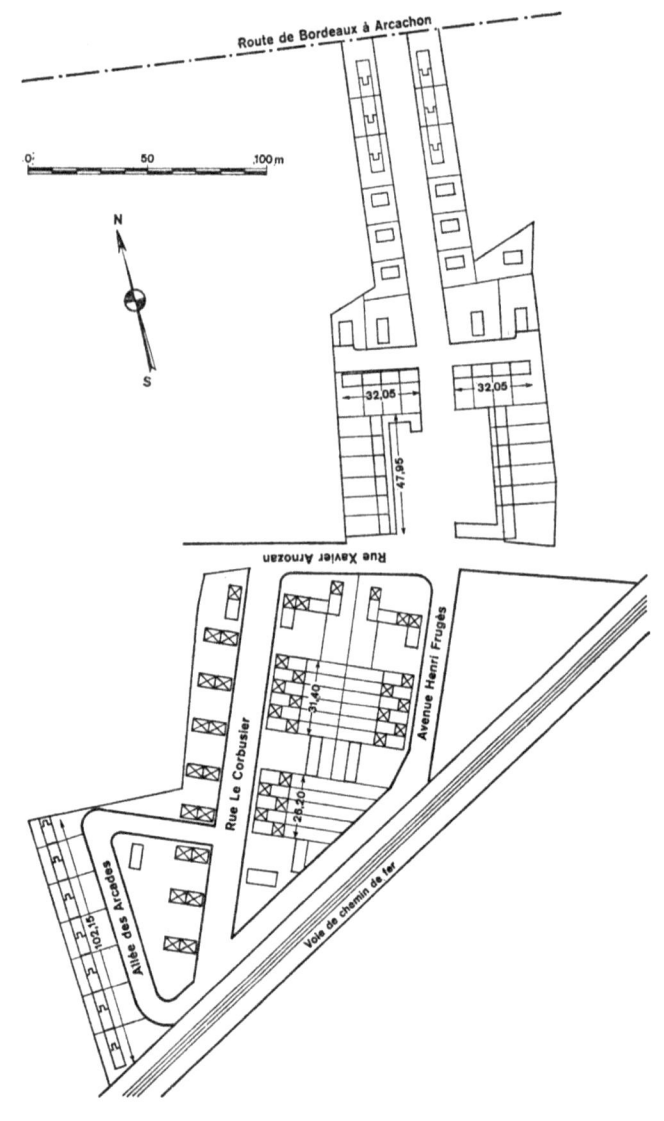

4   Das ursprünglich vorgesehene Projekt reichte bis an die Straße nach Arcachon.
    Gebaut worden sind lediglich die Häuser südlich der Rue Xavier Arnozan

rückt, ... Wohnungs-Städtebau, ein unlösbares Doppelwort ...
Dem Wohnen gewidmet, ist die Architektur ein Liebesakt und nicht
eine Inszenierung ... «

Ist dieser Wille, beim Bauen von Wohnhäusern Architektur zu
machen, nicht die erste Ursache für das Erstaunen, das die Einwohner
vor dem neugeschaffenen Bauwerk befällt?

M-8 Dieser Kamin ... er ist gleichzeitig gut gesetzt und schlecht
gesetzt ... ein Kamin mitten im Zimmer, ich finde, daß das
stört ... er ist gut gesetzt, weil er ein Kamin ist und gleichzeitig dort der Gang ist ..., sehen Sie, man gewöhnt sich
dran ... wenn man sich dran gewöhnt, sieht man es anders ...
Im Anfang war es eher schockierend: die Treppe mitten im
Zimmer, sehen Sie, das ist komisch ... die Küche liegt auch
falsch, weil gegenüber eine Halle ist, daher sieht man dort
nichts ... sie ist gut und schlecht, das ist schwer zu verdauen.
Manche Dinge machen den Eindruck, als wenn sie nicht dort
wären, wo sie hingehören ... und gleichzeitig gehören sie
doch dorthin ... und das ist, gerade das ist gut! ... Ich finde
nämlich auch, daß die Treppe dorthin gehört, weil so, zwischen
Eßzimmer und dem Wohnzimmer, weil so die beiden Zimmer
getrennt werden ohne eine Wand, das ist gut ... und das ist
gleichzeitig doch nicht gut ... und das gerade ist gut ...

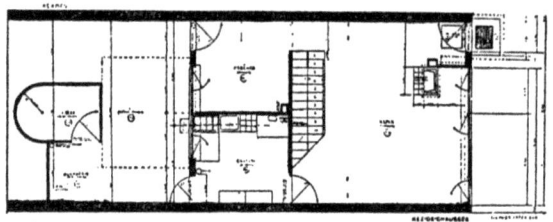

Erdgeschoß: Wohnraum, Küche, Schlafraum, Abstellraum und Lagerraum

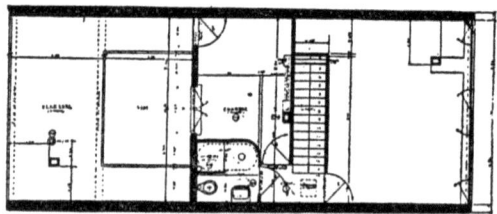

Obergeschoß: großer Schlafraum, kleiner Schlafraum, Toilette und Terrasse

5   Typ 1: zweigeschossiges Reihenhaus mit Terrasse (Fotos 25-34)

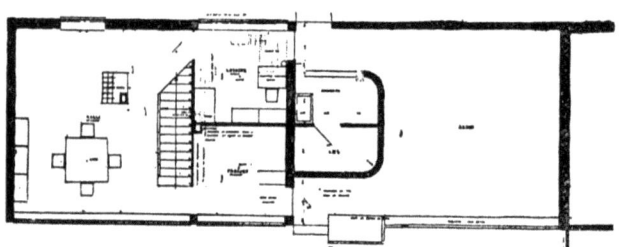

Erdgeschoß: Wohnraum, Küche, kleiner Schlafraum, Abstellraum und Terrasse

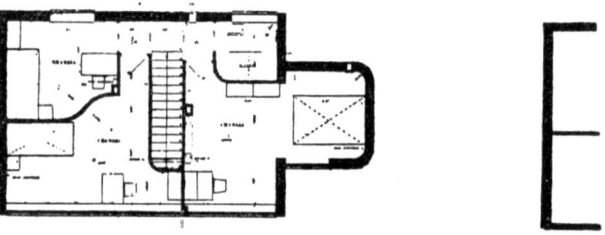

Obergeschoß: drei Schlafräume

6   Typ 2: zweigeschossiges Haus mit Arkaden und ebenerdiger Terrasse (Fotos 20 und 46 bis 48)

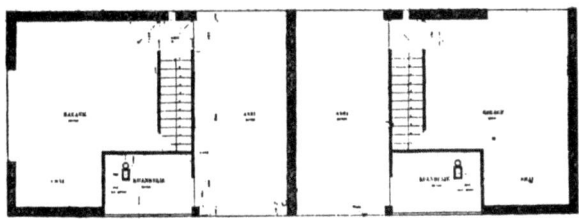

Erdgeschoß: Wetterdach, Abstellraum und Garage

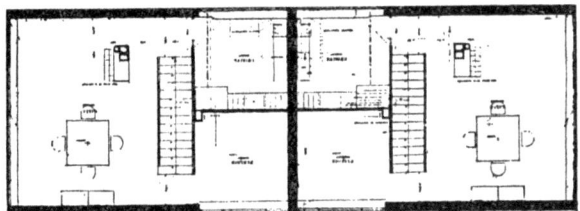

Erstes Obergeschoß: Wohnraum, Küche und kleiner Schlafraum

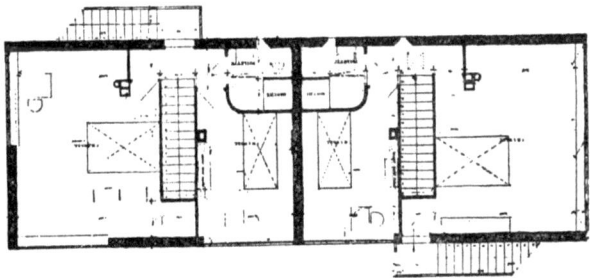

Zweites Obergeschoß: großer Schlafraum, kleiner Schlafraum und Terrasse

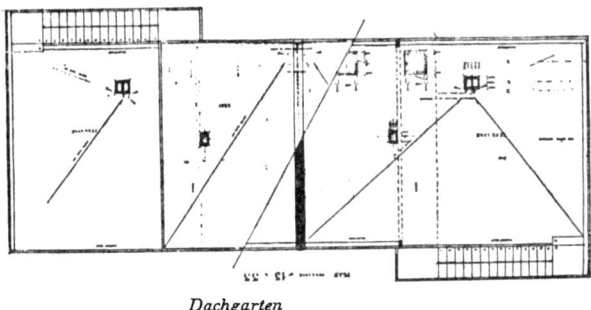

Dachgarten

7 Typ 3: dreigeschossiges Doppelhaus mit Terrasse und Dachgarten (Fotos 22 und 34 bis 45)

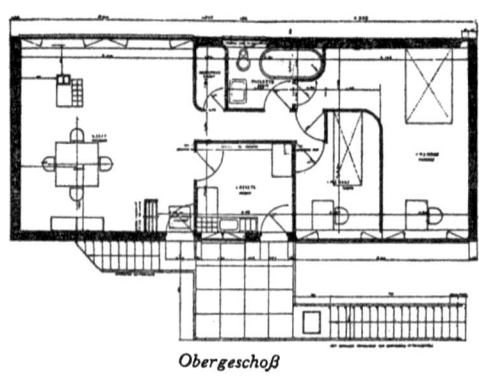

Obergeschoß

8 Typ 4: Freistehendes zweigeschossiges Haus mit Dachterrasse (Fotos 49 bis 52)

TEIL II

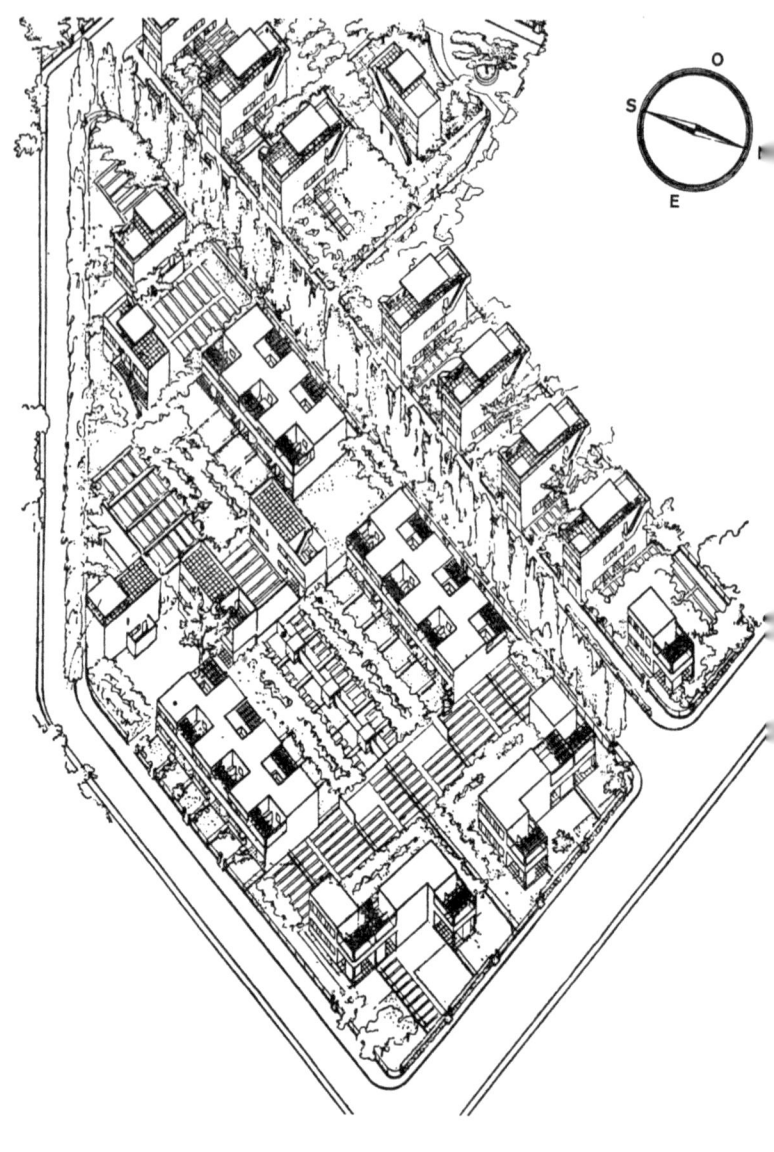

9 Plan der Quartiers modernes Frugès in Pessac bei Bordeaux von Le Corbus

> »*Im Bereich des Wahrscheinlichen stellt sich einer Behauptung im allgemeinen eine andere gegenüber, die ebenso einleuchtend scheinen kann. Es ist also ein ebenso großes wissenschaftliches Verdienst, von zwei wahrscheinlichen Behauptungen diejenige herauszufinden, die der Realität entspricht, wie eine ganz neue Realität zu entdecken. Das ist genau die Grenze, die die wissenschaftliche von der gewöhnlichen Erkenntnis unterscheidet.*«
> Halbwachs

4 Methode

Die numerischen und geographischen Grenzen der Studie sind genau abgesteckt worden, um eine klar umrissene Arbeit zu ermöglichen. Wenn der Gegenstand der Studie auch physisch begrenzt war – obwohl es uns wiederholt notwendig erschien, den räumlichen und zeitlichen Rahmen zu erweitern –, so war er dagegen in bezug auf die Fragen, die er mit einschloß, außerordentlich weitreichend. Durch ihren Charakter als Gartenstadt hätte die Siedlung ebenso Anlaß zu einer Studie über den Gegensatz zwischen Stadt und Land sein können, der oft in den Unterhaltungen mit den Bewohnern aufgetaucht ist, wie über den Gegensatz zwischen kollektiv und individuell (wobei die Zuordnung der Häuser des halb-individuellen Typs mehr oder minder nahe zum kollektiven oder individuellen die Untersuchung erleichtern konnte). Aber die Wohnbauten von Pessac hätten ebensogut im Rahmen des Werkes von Le Corbusier untersucht werden können, oder im Rahmen der Normung und Industrialisierung, beides angesichts der Wohnungsnot, Schlüsselproblem der Architektur des 20. Jahrhunderts. Ebenso tauchen automatisch viele Detailfragen auf:
Sind die Leute empfindlich gegenüber der Normung und haben sie im Sinne einer Individualisierung ihrer Häuser reagiert? – Gibt es ein latentes Bedürfnis, auf das Haus einzuwirken? – Sind die Einwohner im Hinblick auf das Wohnen für die Poesie der Architektur empfänglich? – Gibt es eine Beziehung zwischen der sozialen Klasse und dem Verhalten der Architektur gegenüber? – Gibt es etwas

architektonisch Schöpferisches in dem, was als simple Veränderung erscheint? usw. usw.

Anstatt die Studie als Einzelanalyse eines dieser vorher ausgewählten Punkte anzulegen, haben wir versucht, den globalen Charakter des Wohnens mit all seinen Auswirkungen auf das tägliche Leben der Einwohner nicht verlorengehen zu lassen. Wir wollten das Wohnen der Architektur gegenüberstellen, die, ihrer Natur nach selbst komplex, die verschiedensten technischen, ästhetischen und sozialen Faktoren in sich vereinen muß.

Wir haben uns dafür entschieden, bei der Befragung der Einwohner die Methode der nicht gelenkten Interviews anzuwenden. Wir haben nur einen Teil der 174 Einwohner des Viertels befragen können. Außer den Zufallsgründen, die uns daran hinderten, bestimmte Einwohner zu treffen, haben wir auch kategorische Abweisungen erhalten, für die wir übrigens eine Erklärung zu finden versuchen werden. Außerdem hat es sich erwiesen, daß das im Verlauf der Untersuchung unvermeidliche Kommen und Gehen im Viertel zu Anfang Neugier erregte und deshalb günstig für uns war, daß es aber nach einer gewissen Zeit im Gegenteil einigen Leuten, die die Ereignisse auf der Straße ständig beobachteten, zuviel wurde. Auf der anderen Seite ließ die Verbreitung der Informationen in der Nachbarschaft die Neugier verschwinden, die für die Unterhaltungen günstig war, so daß die zuletzt befragten Personen nicht mehr das gleiche Interesse hatten wie die ersten, uns ihre Eindrücke zu schildern. Im ganzen haben wir uns schließlich mit etwa 40 Personen unterhalten. Ihre Auswahl wurde von zahlreichen Faktoren beeinflußt: dem Haustyp (ob verändert oder nicht), den Bewohnern (ob Mieter oder Eigentümer), dem Einzugsdatum im Viertel, dem Alter der Einwohner, der Anzahl der Familienmitglieder. Die Ergebnisse der Bevölkerungszählung von 1962, die das I.N.S.E.E. durchgeführt hat, erlaubten uns, die relativ breite Spanne in den sozio-professionellen Kategorien im QMF richtig einzuschätzen.

Es war nicht zu vermeiden, von vornherein eine gewisse Anzahl von Problemen aufzuwerfen, die sich von selbst zu stellen schienen, und am Anfang gewisse Vorstellungen zu entwickeln über die Art und Weise, in der die Dinge vor sich gegangen sein könnten, und über die tieferen Gründe für die Veränderungen, die das Viertel erfahren hat. Andererseits war es wichtig, diese Dinge nicht implizit in die Interviews mit einzubringen, um den Rahmen, in dem die Einwohner sich ihre Häuser vorstellen und bewohnen, ohne Beeinflussung richtig abstecken zu können. In diesem Zusammenhang erscheint übrigens das Auftauchen oder das Fehlen von Suggestivfragen in den Unterhaltungen von noch größerer Bedeutung, ebenso wie ihr Erscheinen in dieser oder jener Form. Da diese Fragen zum Teil die Art und Weise, in der sich der Architekt den Problemen der Architektur nähert, kennzeichnen, schien es uns interessant, die Liste solcher Fragen zu erweitern, um sie dann mit der Realität zu konfrontieren. Genau das geschah in einer Gruppendiskussion, in der wir mit fünf Architekten, die von recht verschiedenen Standpunkten ausgingen, zusammenkamen. Das erlaubte uns auch, in unserer Vorstellung das Projekt von Pessac in seinem Zusammenhang mit der Persönlichkeit von Le Corbusier klarer einzuordnen.

Dann wurde bei der heutigen Stadtverwaltung eine historische Untersuchung durchgeführt, und es gelang uns, mit einigen Verwaltungsangehörigen Gespräche zu führen, die während der Bauzeit im Amt waren. (Gleichzeitig wurde nach den Artikeln geforscht, die seinerzeit in der Lokalpresse und in der Fachpresse erschienen waren.)

Außer den Informationen über die Geschichte des Viertels, die wir von Herrn Vrinat, dem Bauleiter, und von Herrn Frugès erhielten, erlaubte uns der Kontakt mit letzterem auch, sowohl dessen starke Persönlichkeit kennenzulernen, wie auch die bedeutende Rolle richtig einzuschätzen, die ihm deshalb zukommt, weil er es Corbusier ermöglichte, seine Ideen zu realisieren, wobei er ihn mit Begeisterung unterstützte. Pessac wäre zweifellos nicht entstanden, wenn nicht zufällig in der Person von Frugès dessen Neigung zur plastischen Kunst und seine Position als Industrieller, für die er in Wirklichkeit nicht geschaffen war, zusammengekommen wären. Diesen außergewöhnlichen Umständen ist es also zu verdanken, daß die Siedlung geplant werden konnte.

Im Laufe dieser historischen Untersuchung war es auch nützlich zu erfahren, daß das Fernsehen beim Tode von Le Corbusier eine kleine Reportage über die Siedlung gemacht hat und daß die Reporter im Februar 1967 wiedergekommen sind, als der Bürgermeister den Antrag gestellt hatte, die Siedlung unter Denkmalschutz stellen zu lassen. Denn es war selbstverständlich wichtig zu berücksichtigen, welchen Einfluß diese Vorgänge auf die im Laufe der Unterhaltungen gesammelten Aussagen haben mußten.

Außerdem hatte am 19. Juni 1966 eine Feier anläßlich des 40. Jahrestages des Baues der »Quartiers Modernes Frugès« stattgefunden, hauptsächlich zu Ehren von Frugès, der bei dieser Gelegenheit vor den Einwohnern eine Rede über den Bau der Siedlung hielt. Auch Monsieur Vrinat hielt eine Ansprache. Wie man weiß, wurde über Le Corbusiers Tod ausführlich in den großen Zeitungen berichtet, so daß die Haltung der Bewohner inzwischen anders war, als wenn die Untersuchung vor diesem Ereignis stattgefunden hätte. Da Le Corbusier seitdem bekannt ist und auch anerkannt wird, ändert das die Meinung der Leute über ihn; auf jeden Fall zögert man zu denken, was man denken, und auszudrücken, was man ausdrücken möchte.

M-7 Jetzt, wo er tot ist, erkennt man seine Qualitäten an ... man muß zugeben, daß man seine Konzeption überall wiederfindet: niedrige Räume, Terrassen, kleine Küchen, hm! ... In Frankreich muß man warten, bis man tot ist, damit man anerkannt wird! ... Ich habe gemerkt, daß man da drüben an der Straße nach Arcachon Wohnblocks gebaut hat, und das ist der gleiche Stil wie hier! Das Unesco-Gebäude ... das hat er auch gebaut, glaube ich. Er hat die Pläne gemacht und das alles! Und als in Agadir das Erdbeben war, wollte er Agadir wieder aufbauen ... Natürlich immer in seinem Stil ... der damals vielleicht etwas allzu persönlich war, aber den man heute wieder aufgreift, wie ich sehe ... (...) ... Die Terrassen, merke ich, macht man heute überall ...

F-15 ... aber ich weiß nicht ... diese Siedlung ist im Auftrag von Monsieur Henri Frugès gebaut worden, aber ich weiß nicht, ob alle Siedlungen von Le Corbusier in dieser Art gebaut worden sind ... Ich denke, das ist im Auftrag von jemandem gemacht worden, der seine Wünsche geäußert hat, der gesagt hat: »Ich möchte etwas in dieser Art.«, oder: »Unterbreiten Sie mir Pläne für meinen eigenen Gebrauch, ich werde sie studieren ...« Ich habe jetzt im Radio und im Fernsehen alle diese Lobsprüche über Le Corbusier gehört, der im Ausland absolut beachtliche Dinge gemacht hat ... und in Frankreich nichts, außer Marseille vielleicht. Dennoch habe ich das Für und Wider gehört, weil ich Leute gehört habe, die aus Marseille kamen, die gesagt haben, das wäre ... außerordentlich! ... Und andere, die gesagt haben: »Das ist absolut entsetzlich, man würde sogar moderne Häuser vorziehen«, das heißt, neuere Häuser, weil das ja doch auch modern ist ... also, die Meinungen sind geteilt ... andererseits in Indien ... natürlich sind das Leute, die nicht so leben wie wir, in Indien oder in Brasilien, ich weiß nicht ... weil ich nicht weiß, wie die Leute, die die Häuser entworfen haben, sich das Leben in den Häusern vorgestellt haben ... natürlich, man müßte diese Häuser so kennen, wie sie den ersten Arbeitern übergeben worden sind, die darin gewohnt haben; das weiß ich nicht ... man hat mir nämlich gesagt, daß die Pläne nicht genau ausgeführt worden sind, aber ehrlich, ich weiß nicht, ob das stimmt.

M-9 Er hat das gebaut ... das war seine Konzeption ... ich weiß nicht, ob wirklich, hm ... Le Corbusier hat das so gezeichnet ... vielleicht hat der Unternehmer von sich aus ...

Wenn das hier nicht gut ist, dann ist das sicher nicht die Schuld von Le Corbusier. Wie in dem vorhergehenden Abschnitt werden hier zahlreiche Umwege gemacht, um schließlich zu der Aussage zu gelangen: »Es gibt hier Dinge, die meiner Meinung nach nicht ... gut sind!« Und es wird gewettert gegen »die Leute, die diese Häuser entworfen haben«, aber »Monsieur Le Corbusier« wird geschont.

Eine erste Serie nicht gelenkter Interviews wurde damals durchgeführt, bevor eine *Voruntersuchung* bei den Einwohnern stattfand. 40 Interviews von ungefähr ein und einer halben Stunde wurden auf Tonband aufgezeichnet. Dazu sei gesagt, daß eines davon in Pessac aufgenommen wurde, aber in 5 km Entfernung von der Siedlung Frugès, bei Leuten, die seinerzeit von dem Viertel gehört hatten, die dort mit dem Fahrrad vorbeigekommen waren und die seit ungefähr fünf Jahren nicht mehr dort gewesen waren.
Die Ergebnisse dieser Voruntersuchung, die für sich genommen schon außerordentlich interessant sind, haben uns bewogen, die Studie nach dieser Methode der nicht gelenkten Interviews fortzuführen, ohne Fragenkatalog. Es wäre in der Tat schade gewesen, sich nur deshalb bei dieser zweiten Untersuchung nicht auf ungelenkte Interviews zu stützen, weil man präzise Antworten auf einzelne genaue Fragen haben wollte, die um so weniger von Interesse gewesen wären, als es sich ja um Einzelfragen gehandelt hätte. Außerdem wären die Antworten unzuverlässig gewesen, da die Leute hätten von der Tatsache beeinflußt werden können, daß es sich um die Person von Le Corbusier handelt, oder von der Möglichkeit, daß die Siedlung unter Denkmalschutz gestellt werden könnte (worüber die Leute sehr erstaunt waren). Und sogar auf ganz präzise Fragen, wie etwa auf die einfache Frage, ob jemand seine Terrasse benutzt oder nicht, wäre die Antwort selbst in einem großen Fragenkatalog unzuverlässig gewesen, wie man im folgenden sehen kann:

V   Benutzen Sie zuweilen Ihre Terrasse?
F-6 Hm ... Meine Güte, man geht mal rauf ... es ist ganz angenehm, ... man hat einen schönen Blick von da oben ...
V   Stellen Sie dort Stühle auf?
—   Tja, es ist dort heiß im Sommer ... sehr heiß ... es ist nicht ... sehen Sie, weil der Zement, hm, die Hitze zurückstrahlt, ... aber sonst ...
V   Und Ihre Nachbarn, benutzen die ihre Terrasse?
—   Mein Gott, wissen Sie ... man geht nicht oft dort rauf! ... Man geht rauf ... sicher! – aber ...
V   Sind Sie zufrieden, daß Sie die Terrasse haben?
—   Das ist es! ... Wir sind zufrieden, man kann dort einen Höhenausflug machen. Wenn man da oben ist und nicht runter will, kommt man an die frische Luft auf der Terrasse.

Genauso schade wäre es gewesen, sich Antworten wie diese entgehen zu lassen:

F-10 Sonst sind die Häuser gut ...
   oder
– ich versichere Ihnen, sie sind gut ...
   oder
– das sind Häuser, wo es *immerhin* ein Wohnzimmer gibt ... (...) wo es *immerhin* eine ... (...) wo es *immerhin* ...

Bei der zweiten Untersuchung waren die Interviews jedoch im allgemeinen kürzer als bei der ersten, weil man schneller auf das Ziel zusteuern konnte, indem man ein gewisses Abschweifen bei Fragen vermied, die schon bei der ersten Untersuchung zur Sprache gekommen waren. Die Interviews waren auch zahlreicher, und es wurde eine viel größere Aufmerksamkeit auf Faktoren außerhalb des Viertels gerichtet. Besonders wurden Einwohner aus unmittelbar an das Viertel angrenzenden Gebieten befragt; außerdem jemand, der früher im Viertel gewohnt hat, der dort heute noch ein Haus besitzt und der daran denkt, dorthin zurückzukehren; und schließlich konnten einige Interviews nützliche Vergleichspunkte liefern, die in einem Viertel gemacht wurden, das 1960 nicht weit von Frugès entfernt gebaut worden ist, und das aus Reihenhäusern und Doppelhäusern besteht, die in mehr als einem Punkt den Häusern in der Siedlung Frugès ähneln.

Im allgemeinen waren die Befragten natürlich unterschiedlich alt, sie hatten verschieden lange in der Siedlung gewohnt und sie gehörten zu verschiedenen Berufskategorien, jedenfalls in dem Maße, wie die Sozialstruktur des Viertels das ermöglichte.

Bei mehreren Unterhaltungen kam eine Beschreibung der »échoppe bordelaise« zustande, der verbreiteten Wohnform in dieser Gegend. Die Hervorhebung des traditionellen Charakters der Region in der Presse hat uns veranlaßt, auf dieses Thema näher einzugehen.

Gleichzeitig mit den Interviews fand eine sehr sorgfältige Beobachtung über den Zustand der Häuser statt: die Einrichtung, Veränderungen (oder keine Veränderungen), die Möblierung und der Zustand der Gartenanlage außerhalb wurden registriert. Das Fehlen von Veränderungen konnte in gewissen Fällen ebenso bedeutsam sein wie die Veränderungen selbst. Ebenso wie auch ein anderer Verwendungszweck des Raumes ohne äußere Veränderungen einige Klarheit bringen konnte, oder auch der Name, der einem bestimmten Platz gegeben worden war.

Aus dem Verhältnis, in dem die Interviews zu den Beobachtungen standen, konnten am häufigsten Schlüsse gezogen werden.

Schließlich und vor allen Dingen wurde der Stellung der Häuser und ihrer Lage innerhalb der Siedlung, was wir mit dem Ausdruck »Situation« zusammenfassen, ganz besondere Aufmerksamkeit geschenkt. In der Tat war es von vornherein nützlich, den Faktor der Lage zu studieren, da ja durch die Normung »übrigens alles überall ganz gleich aussah«. Nützlich und interessant deshalb, weil durch die Normung sich das Problem der Vielfältigkeit stellt (erinnern wir an den Satz von Le Corbusier: »Die Normen sind Buchstaben, und aus diesen Buchstaben muß man in gewisser Weise den Eigennamen des zukünftigen Besitzers schreiben.«) Andererseits bestätigte sich die Annahme, die seit der ersten Untersuchung bestand, daß es zwischen der Lage der Häuser und der Persönlichkeit der Bewohner eine gewisse Wechselbeziehung gibt, die sich in der Art zu wohnen und in den Veränderungen zeigt.

Bei der Analyse der ungelenkten Interviews, ebenso wie bei der Richtung, die gewissen Interviews oder Interview-Passagen gegeben wurde, kam es uns besonders auf drei Punkte an:

1. die Veränderungen, das heißt, die innere Aufteilung des Hauses, die die Einwohner vorgenommen hatten;
2. die Anordnung der verschiedenen Haustypen, die Le Corbusier, ausgehend von den Standard-Elementen, konzipiert hatte;
3. die Stellung der Häuser zueinander und ihre Lage innerhalb der Siedlung.

Die Bedingungen dieser drei Faktoren konnten um so leichter untersucht werden, als sie in gewisser Weise die drei Variablen darstellen, die man im Verhältnis zu der festen Konstante der Normung beobachten kann. Und in der Tat sind die verschiedenen Typen, die Le Corbusier entworfen hat, ebenso von der Normung her entstanden, wie die Veränderungen in der Aufteilung der Häuser, die die Einwohner vorgenommen haben. So hat Le Corbusier auch den allgemeinen Plan des Viertels entworfen, indem er mit den »Standard-Zellen« gespielt hat wie mit Dominosteinen. In allen drei Fällen stellte das angenommene Normenraster den Bezugsrahmen dar, die festen Koordinaten, von denen ausgehend die Variationen ausgeführt wurden.

Einführung bei den Einwohnern

Um den Interviews ein Höchstmaß an freiem Spielraum zu geben, haben wir unsere Arbeit bei den Einwohnern meistens als eine allgemeine Studie über Architektur ausgegeben: die Siedlung Frugès, die Le Corbusier in Pessac gebaut hat, sei nur ein Bestandteil in einer größeren Untersuchung.

Als Beweis dafür, daß die Interviews tatsächlich nicht gelenkt waren, zitieren wir einen Ausschnitt aus einer Unterhaltung mit einem Befragten, der sich sehr für Soziologie interessierte.

M-19 Es wäre interessant zu wissen, was genau er (Le Corbusier) sich eigentlich vorgestellt hat... wenn Sie wollen... am Anfang und zu sehen, wie die Leute... man sollte eine Untersuchung machen... systematisch... über die Veränderungen der Häuser durch die Einwohner, ich glaube, es wäre sehr interessant zu sehen, was sie gemacht haben, aus welchen Gründen usw....

Der Interviewte schlug uns genau das vor, was wir gerade taten...

Bemerkungen über die Vermittlung der Interviews an den Leser

Im allgemeinen hat man bei der Analyse eines Interviews am meisten Erfolg – es ist banal, das zu sagen –, wenn man verschiedene Passagen, die von einer Person oder von verschiedenen Personen stammen, miteinander vergleicht. Aus dem veränderten Zusammenhang der Unterhaltungen, die der Analysierende eingeführt hat, kann sich eine Interpretation ergeben. Übrigens, das Unterstreichen erlaubt es, sich bewußt zu machen, wie wichtig es sein kann, dem Leser jede Möglichkeit zu lassen, selber Vergleiche anzustellen. Da die Darstellung des Autors ihrerseits folgerichtig ist, bildet sie den roten Faden (der manchmal nicht linear, sondern in zwei Strängen verläuft, was zwangsweise zu Wiederholungen führt), der der Interpretation des Autors entspricht. Notwendigerweise bedingt die Folgerichtigkeit des Textes eine unzusammenhängende Wiedergabe der Interviews. Dennoch haben wir manchmal größeren Wert auf die Kontinuität der Interviews gelegt, so daß sich daraus das Fehlen eines Zusammenhangs in der Interpretation ergibt.

Wir haben versucht, diese Schwierigkeiten durch eine klare konventionelle Aufzeichnung zu lösen, indem wir die Interview-Passagen auf folgende Weise darstellten:

Die Interview-Passagen werden durch Einzug deutlich vom übrigen Text abgehoben, so daß sie leicht als solche erkannt werden können.

Die Interviews werden nach einem Code bezeichnet, dessen Auflösung sich in der Tabelle am Ende dieses Kapitels befindet; der Tabelle kann man auch die wesentlichen Eigenschaften des Befragten entnehmen, das ungefähre Alter und die Seitenzahl des Buches, auf der man andere Auszüge aus dem gleichen Interview finden kann.

Die Nummern, vor denen EXT. steht, bedeuten, daß die befragte Person nicht im QMF wohnt, das wir hier untersucht haben.

Die Nummern, vor denen NB. (Nachbar) steht, bedeuten, daß der Befragte ein Haus außerhalb der eigentlichen Siedlung von Le Corbusier bewohnt, das aber an die Siedlung angrenzt.

F bedeutet, daß der Befragte eine Frau ist.

M bedeutet, daß der Befragte ein Mann ist (JM = junger Mann).

K bedeutet, daß der Befragte unter 15 Jahren alt ist.

S bedeutet das Eingreifen des Interviewers, der Soziologe von Beruf ist.

V bedeutet das Eingreifen des Interviewers, der Architekt von Beruf ist, also des Verfassers.

S ... oder
V ... bedeuten, daß der Interviewer mit Absicht geschwiegen hat.

Die **fettgedruckten** Worte oder Ausdrücke bedeuten, daß die befragte Person sie durch ihre Betonung selber unterstrichen hat.

Die *kursiv gesetzten* Worte oder Ausdrücke bedeuten, daß der Autor den Leser auf sie hinweisen möchte.

Die (in Klammern) gesetzten Worte oder Ausdrücke bedeuten eine Erklärung des Autors zu den Worten des Befragten.

Die in Klammern gesetzten Punkte kennzeichnen eine Auslassung in der zitierten Passage (...), während die einfachen Punkte ... die Sprechweise des Befragten kennzeichnen.

Mehrere Dreierpunkte mit Abständen dazwischen ... ... bedeuten, daß die folgenden oder vorausgehenden Zeilen des Autors zwischen an sich fortlaufende Interview-Passagen geschoben sind.

Zusammenstellung der Interviews

Nr.	Alter	Bemerkungen	Auszüge aus diesen Interviews finden sich auf den Seiten
F –1	40		82
M–1	40		24, 103, 113, 118, 119, 134
M–2	55		77, 93, 103, 132, 134
M–3	65	Alteingesessen	26, 45, 84, 87, 89, 91, 92, 93, 103, 114
F –3	65	Alteingesessen	25, 45, 88, 93, 106
EXT. M–4	65	Alteingesessen, wohnt nicht mehr dort, aber möchte zurückkommen	
M–5	45		
F –6	65	Alteingesessen	59, 81, 87, 88, 89, 116, 122, 125, 134, 151
M–7	40		58, 85, 98, 99, 138, 140
M–8	18	Hat immer dort gelebt	48, 97, 100, 105, 122, 128
F –9	65		
M–9	65	Hat Le Corbusier »früher« gekannt	58, 83
F –10	30	Verheiratet, hat als Kind schon in einem anderen Haus des Viertels gewohnt	45, 60, 106, 111, 118, 151
F –11	40		
F –12	35		
F –13	60		81, 83
M–13	20		82, 116
M–14	65		78, 89
M–15	30		86, 151
F –15	30		58, 83, 94, 99, 102, 103, 114, 129
F –16	70	Alteingesessen	
M–17	40		95
M–18	40		
M–19	35	Hochschulassistent	62, 77, 95, 102, 108, 109, 112, 122, 130, 142
M–20	40	Arbeitet im Viertel	95, 111, 143, 144, 145
F –20	40		95, 96
M–21	40	Angehöriger der Armee	138
M–22	35	Bibliothekar	76, 109, 112
M–23	70	Alteingesessen	
F –24	70		
M–25	70	Alteingesessen	
F –25	70	Alteingesessen	
EXT. M–26	40	Aus Paris, zu Besuch bei Verwandten	152
NB. F –27	65		132
NB. M–28	70		
EXT. F –29	45		115
EXT. M–30	40		116, 148
EXT. M–31	40		
EXT. F –32	40		91, 147, 149
EXT. F –33	40		91, 97, 130
EXT. K–34	15		116
EXT. F –35	60	Hat über das Viertel reden hören	81, 84, 85, 90, 97, 98
EXT. JM–35	20		85, 90, 96

Anmerkung: M = Mann; F = Frau; JM = junger Mann; K = Kind; EXT. = wohnt nicht im Quartier Frugès; NB. = wohnt nicht im Quartier, aber in einem Haus neben der Siedlung.

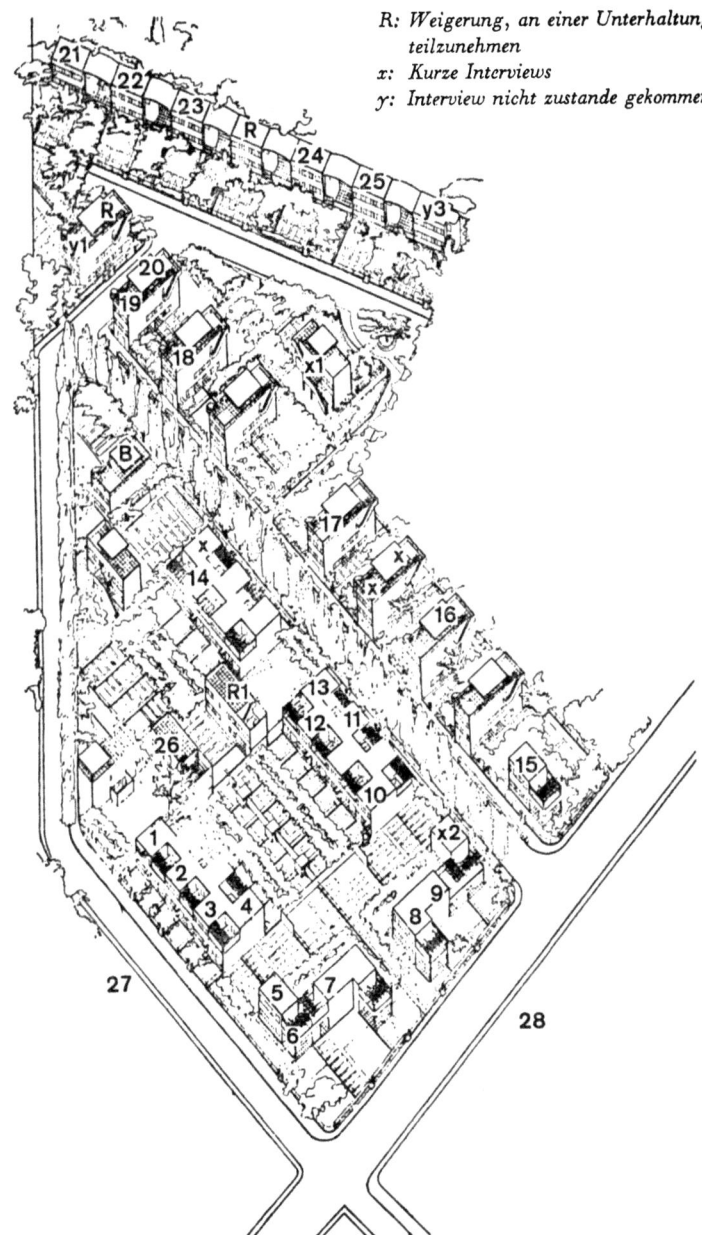

10 Nachweis der Häuser, in denen Interviews gemacht wurden

R: Weigerung, an einer Unterhaltung teilzunehmen
x: Kurze Interviews
y: Interview nicht zustande gekommen

> »*Man könnte bewundernswert gut geplante Häuser bauen, vorausgesetzt natürlich, der Mieter ändert seine Mentalität.*«
>
> Le Corbusier

5 Gruppendiskussion

Der Mißerfolg von Pessac

In der Gruppendiskussion saßen beinahe drei Stunden lang fünf Architekten zusammen, die sich nach ihrem Herkommen, ihren Fachgebieten und nach ihrer Geisteshaltung hinlänglich voneinander unterschieden*:

B Baumeister
I Hochbau-Ingenieur, der Strukturuntersuchungen durchführt
D Dekorateur (Innenarchitekt)
A_1 Architekt, Träger des Rompreises
A_2 Architekt, Mitglied der Forschungsgruppe bei der Direction de l'Architecture

Der Wunsch, das Projekt von Le Corbusier genauer zu erfassen und seine charakteristischen Eigenschaften besser einschätzen zu können, war ursprünglich einer der Hauptgründe, die uns dazu veranlaßten, eine solche Diskussion zu veranstalten; außerdem wollten wir *Architekten* über ein Architekturprojekt sprechen lassen, um ihre Aussage den mit den *Bewohnern* gemachten Interviews gegenüberzustellen. Wir glaubten, auf diese Weise die Absichten des Architekten,

---

* Weiterhin nahmen natürlich ein Soziologe, mit S bezeichnet, und ich selbst, mit V bezeichnet, an der Diskussion teil.

die im vorliegenden Falle allen bekannt waren, objektiver herausarbeiten zu können.
Selbstverständlich sahen wir einen freien Verlauf der Diskussion als Grundvoraussetzung für ein solches Vorhaben an. Und tatsächlich hielt sich die Gruppe nicht genau an den von uns vorgeschlagenen Ablauf. Dieses Verfahren hat sich übrigens als nützlich erwiesen, denn die Tatsache, daß unser erstes Ziel nicht erreicht wurde, verlieh dem zweiten erst seine eigentliche Bedeutung. Es wurde in der Tat keinerlei Kritik geäußert, die wirklich das Projekt selbst in seinen Einzelheiten betraf, und es wurde auch keine Analyse erbracht. Die Teilnehmer äußerten lediglich vorgefaßte Meinungen, was sich einerseits daraus erklärt, daß Le Corbusier einen Namen hat und man seinem Werk Interesse entgegenbringt, und was sich andererseits aus der Motivation der Teilnehmer erklärt. Von vorrangigem Interesse ist die Feststellung, daß die Gruppe fähig war, über ein Projekt und anläßlich eines Projektes zu diskutieren, ohne jemals das Bedürfnis zu verspüren, sich auf das konkrete architektonische Objekt selbst zu beziehen. Man wird sehen, daß diese Feststellung eine der Schlußfolgerungen bekräftigt, die wir aus dieser Studie ziehen. Und schließlich sind wahrscheinlich die vorgefaßten Meinungen, die über die Architektur von Le Corbusier und über seine Absichten geäußert wurden, weit aufschlußreicher, als es detailkritische Beobachtungen der Gruppe hätten sein können.
Das Niveau der analytischen Bemühungen war keineswegs hoch, obwohl während der Diskussion Pläne aushingen und obwohl den Teilnehmern vorher Dokumentationsmaterial zugeschickt worden war und ihnen Fotos von den Veränderungen, die die Bewohner vorgenommen hatten, vorlagen – wobei die Veränderungen zwar die Neugier der Teilnehmer erregten, sie aber zu keiner einzigen präzisen Äußerung veranlaßten:

D Ich finde gerade, daß dieser Plan sehr fesselnd ist.
I Das sieht aus wie irgendein Vorortviertel, so etwas finden Sie dutzendweise rund um Paris! . . .
D Ich wollte, es gäbe so etwas wie dies hier dutzendweise in der Gegend, wo ich wohne! . . .

Aber gerade auf diese Weise wurden allgemeine Ansichten über Pessac vorgebracht, die natürlich um so interessanter waren, je selbstverständlicher sie den Teilnehmern erschienen.

B Ich glaube, daß der *Mißerfolg von Pessac* aus diesem Unbehagen entsteht, und unsere berufliche Haltung ist traurig, weil wir *eigenwillige Architektur* machen; indem wir eine, zwei, drei, vier, fünf Zellen herstellen, werden wir ein bißchen die *Faschisten des Bauwesens*, weil wir den Leuten einen vorherbestimmten, fertigen Raum aufzwingen, der einer durchschnittlichen Mentalität entspricht, die aber niemals die Mentalität des zukünftigen Bewohners ist ...

Wir haben durch *Kursivsatz* die wichtigsten Aussagen hervorgehoben. Das Wesentlichste ist hier übrigens nicht die Erklärung, die für das Mißlingen von Pessac gefunden wird, sondern die Feststellung der schlichten – und scheinbar offensichtlichen – Tatsache, daß Pessac ein Mißerfolg ist. Zu keinem Zeitpunkt hat irgend jemand den *Mißerfolg von Pessac* in Frage gestellt. Le Corbusier hielt es, wie wir gesehen haben, ebenfalls für einen Mißerfolg, wenn wir jenem Satz Glauben schenken dürfen, den wir schon zitiert haben: »Es ist immer ... der Architekt, der unrecht hat.« Und der Übermittler dieses Satzes schrieb uns ebenfalls: »Corbu war ein viel zu ehrlicher Mensch, als daß er nicht seine *Irrtümer* eingesehen hätte ...«.
Für uns selbst war am Anfang der *Mißerfolg von Pessac* ebenso selbstverständlich wie für alle anderen Teilnehmer an der Diskussion. Nun, prüfen wir eine Erklärung, die dafür gegeben wurde:

I ... deshalb versuchen die Leute von Pessac ihre Wohnungen zu verändern, sie persönlicher zu gestalten, weil sie nicht einmal mehr die Möglichkeit haben, sie mit ihrem Willen zu beeinflussen.

Der Widerspruch bleibt – und blieb – gänzlich unbemerkt. Wenn man diese Behauptung jedoch näher untersucht, zeigt sich, daß die Leute ihre Wohnungen ja gerade nur deshalb so »verändern und persönlicher gestalten« konnten, wie sie es getan haben, weil die Architektur ihnen die Freiheit dazu gelassen hat; sie *hatten* »die Möglichkeit, sie mit ihrem Willen zu beeinflussen«. Das würde auch der vorhergehenden Erklärung widersprechen, in der die »eigenwillige Architektur« der »Faschisten des Bauwesens« angegriffen wird. Wenn man nun an den oben zitierten Artikel von Dr. P. Winter denkt, in dem das Bild vom Faschismus Wirklichkeit wird, befindet man sich in einem Dilemma. Darüber, daß die Architektur autoritär gedacht war, gibt es kaum einen Zweifel; fordert Le Corbusier nicht, daß der Mieter seine Mentalität ändern muß? Und Dr. Winter bestätigt in seinem Artikel die Notwendigkeit – wenn nicht gar die Pflicht –, »das Leben der modernen Familie in dem Sinne zu verändern, wie wir es wollen«. Die Teilnehmer der Gruppendiskussion, selbst die Verteidiger von Le Corbusier, haben an dem folgenden keinen Zweifel geäußert:

B   Die Haltung eines Architekten, der seiner Ideen sehr sicher ist;
    der sie in Linien von absoluter Reinheit verwirklicht, in
    Harmonien, die wir in der Mehrzahl der Fälle nicht anzweifeln
    können ... (...) ... Die Verpflichtung, sehr willensstark
    zu sein, wenn man eine Idee ausdrücken will ...

Dennoch hat sich die Architektur von Pessac sehr gut verändern, umformen, modifizieren, verwandeln lassen, ein Zeichen dafür, daß dem Bewohner eine gewisse Freiheit gelassen worden ist.

Die Persönlichkeit Le Corbusiers

Die Vorstellung, die man von Le Corbusier hat – und seine Schriften haben weitgehend dazu beigetragen, ein gewisses Bild entstehen zu lassen –, ist also von grundlegender Bedeutung für die Interpretation, die man dem Phänomen Pessac gibt. Denn aufgrund der gleichen Kriterien, die es als Mißerfolg erscheinen ließen, kann man es auch als Erfolg interpretieren. Zeigen wir, welche Polarisierung der Ansichten über die Person von Le Corbusier zuweilen in der Diskussion zustande kam. Die Polarisierung entstand zwischen zwei Teilnehmern – und zwar gerade zwischen den beiden weitschweifigsten: der eine trat als Kritiker, der andere als Verteidiger Le Corbusiers auf. Man beachte auch die Wendung ins Polemische, die die Diskussion bei der Leidenschaftlichkeit sowohl der Kritik als auch des Lobes erhielt.

B   Le Corbusier war immer ein schöpferisches Talent, und wenn
    man Pessac in diesen Rahmen einordnen will, wobei ich hoffe,
    daß es noch andere gibt, die es genauso machen, dann sage ich,
    daß seine Haltung vor allen Dingen die eines *Pioniers* für das
    Wohnen ist. 1923, 24, 25, 26, 29, das sind Daten, die mehr
    aussagen als alles andere ... Er hatte die Haltung eines
    Pioniers in einer Epoche des Wandels ...
I   Hat man vorher nicht gewohnt? ...

Das Werturteil tritt hier als Autorität auf, und daher der Sarkasmus:

I   Wenn die Moslems in die Moschee eintreten, ziehen sie ihre
    Schuhe aus, wenn die Katholiken in eine Kirche eintreten,
    tauchen sie ihre Hand in Weihwasser, wenn man über Architektur redet oder von Häusern, taucht man seine Hand in Le
    Corbusier! ... Das ist das Weihwasser der Architektur! ...
    Ich finde dieses Verhalten ebenso lächerlich, als wenn ein Arzt,
    der den Menschen studieren will, sich einen Frosch aussuchte,

oder einfach nur den Schleim des Frosches, und er dann vorgäbe, hieraus Folgerungen für die ganze Menschheit zu ziehen. Das ist ebenso ungereimt und ebenso unangebracht! Man kann nicht einen ganzen Beruf, und im Grunde genommen einen ganzen Teil der menschlichen Aktivität, die im schöpferischen Vorgang den Lebensnerv berührt, auf einen Mann einschränken, der neunzehnhundertund – ich weiß nicht wann geboren ist, und der 1965 gestorben ist, und sagen, vorher und nachher gibt es nichts! Im Gegenteil, ich finde, daß nach dieser Art »Star« oder »Führer«, der, nur indem er das gemacht hat, was Sie auf dem Papier sehen, das Sie da in der Hand halten – *so ist es, meine Herren!* – daß der das Pulver erfunden hat, das man den anderen in die Augen streut, indem man seine Ideen so propagiert, daß die Architekten glauben, es gäbe nichts anderes mehr außer dieser stumpfsinnigen Gehirnwäsche ...
So schätze ich also die Diskussion ein! Wenn man absolut Le Corbusier als Beispiel für die Architektur des 20. Jahrhunderts nehmen will, dann ist die Frage sehr schlecht gestellt! Solche Leute wie er mit ihrer lauten Propaganda haben ihre eigene Persönlichkeit dermaßen aufgeblasen, daß sie alles andere weggewischt haben! Aber es gab sicherlich bescheidenere Techniker und bessere Techniken als den Beton, die ganz und gar vergessen worden sind: Man kann sagen, daß die Architektur technisch und moralisch, vom Standpunkt der Kompetenz aus, unter das Niveau gesunken ist, das sie im 19. Jahrhundert hatte, und deshalb haben wir nicht genug Wohnungen, und deshalb haben wir keinen Platz in den Wohnungen, deshalb versuchen die Leute von Pessac ihre Wohnungen umzuändern, sie persönlicher zu gestalten, weil sie sie nicht einmal mehr mit ihrem Willen beeinflussen können.

Rollentausch in der Diskussion

Ein anderes Charakteristikum der Diskussion war der Rollentausch, der auf einzigartige Weise stattfand. So beunruhigte sich der Architekt, der Träger des großen Rompreises ist, über die *Bedürfnisse:*

A_1 Unsere Aufgabe ist es, gewissen Bedürfnissen gerecht zu werden; *danach kann man von Architektur reden* ...

Genauso scheint der Baumeister (dessen Funktion man absolut mit der des Architekten gleichsetzen kann) seine Rolle aufzugeben, architektonische Aufgaben wahrzunehmen:

B Ich gebrauche das Wort *Konstruktion* statt des Wortes *Architektur* ... *Architektur*, das macht mir angst ... Architektur gibt es erst, wenn das Bauwerk verwirklicht ist: *Architektur machen* ist ein irreführender Ausdruck ...

Der Hochbau-Ingenieur, der sich mit der Erforschung von neuen Baustrukturen und neuen Konstruktionsarten beschäftigt, unterstützt und verteidigt außerdem das Dekor und klagt Le Corbusier geradeheraus an, es abgeschafft zu haben:

I Trotz der Sympathie, die Sie für ihn hegen, war er ein Mann mit außerordentlichen Schwächen: Er erklärte, daß die Konstruktion im Grunde ein Gestaltungsmittel sei, aber dabei war er kein guter Konstrukteur; indem er bei seinen Fassaden eine Konstruktion sichtbar machte, die gar nicht der Rede wert war, erfand er ein etwas zweifelhaftes Gestaltungsmittel: Das Dekor, wie man es seit Jahrhunderten verstanden hatte, verschwand von den Fassaden, und das, was statt dessen dafür entstand, war im Grunde eine Verschleierung; Sie sehen die Verwirrung eines ausschweifenden Geistes, den lange Zeit eine Doktrin beherrscht hat, die gar keine war, die aber lange lebendig war, ohne entlarvt zu werden ...

Gleichzeitig verteidigt sich der Formgestalter wegen des Dekors, unter Berufung auf Le Corbusier, den großen Befreier von allem Dekor:

V Sie sind Dekorateur, glaube ich?
D Ja ... ich mag diese Bezeichnung nicht sehr, aber man muß sich ja ein Etikett geben ...
I Sie mögen dieses Etikett nicht?
D Ich glaube, Le Corbusier wäre da bestimmter als ich ... (...)
... ich habe eine schwierige Position, weil ich glaube, daß ich eine Arbeit tue, die bei einer normalen Situation der Architektur nicht getan zu werden brauchte (...) Bei einer gesunden Architektur *brauchte es mich nicht zu geben. Wenn die Architektur sich selbst genügt, hat man es nicht nötig, Dekor hinzuzufügen* ...

Seltsamerweise kam dieser Rollentausch in der Diskussion selbst zur Sprache:

I Früher war der Architekt eher der Unternehmer, der gleichzeitig auch noch Gestalter war; heutzutage ist das alles gleitend: Unternehmer ist ein neuer Beruf geworden, der Architekt ist mehr zum Dekorateur geworden, und der Dekorateur ist ganz herausgerutscht, ... weil er seinen Platz nicht aufgeben wollte, im Kampf mit den anderen ... eine verworrene Situation ...

Man kann über die Unlogik dieses Ausspruchs hinweggehen, weil er dennoch ein grundlegendes Problem betont, nämlich das der Trennung der Funktionen innerhalb der Architektur. Ist der Rollentausch, den wir in dieser Diskussion beobachten konnten (der allerdings nur auf der Ebene der Diskussion stattfand ...), ist dieser Rollentausch nicht gerade ein Abbild der Sehnsucht nach einem einzigen, umfassenden architektonischen Akt, in dem Architektur, Konstruktion, Dekor und die menschlichen und ökonomischen Faktoren (es war wiederum der Rompreisträger, der diesen letzten Aspekt hervorhob) lediglich Gegenstand einer einzigen Synthese sind?
Nun, genau das, die verschiedenen Funktionen miteinander zu verbinden, hatte Le Corbusier in Pessac versucht.

Zwei besondere Themen

Es ist nicht möglich, hier alle Themen zu analysieren, die in dieser Diskussion aufgetaucht sind, und im Interesse der Klarheit der Darlegung erschien es uns günstiger, nur solche Passagen aus der Gruppendiskussion hier vorzulegen, die in eine Beziehung zu den Unterhaltungen mit den Einwohnern gesetzt werden konnten. Es muß für den Augenblick genügen, wenn hier gesagt wird, daß die Mehrzahl der aufgetauchten Themen im Endeffekt als verschiedene Aspekte des Gegensatzes zwischen Freiheit und Autorität interpretiert werden können, den wir weiter oben aufgezeigt haben. Je nach Lage der Dinge stellte sich dieser Gegensatz in der einen oder anderen der folgenden Formen dar: Mobilität/Immobilität, Offenheit/Geschlossenheit, keine Endgültigkeit/Endgültigkeit, öffentlich/privat, kollektiv/individuell, Gegenüberstellung/Integrierung. Wir werden diese Gegensätze später noch analysieren.
Ebenso sind die folgenden Themen voneinander abhängig:
Mobilität oder Immobilität der Einzelelemente des Hauses,
integriertes oder aufgesetztes Dekor,
Grad der Fertigstellung, in dem das Haus übergeben wird,
Konzipierung des Hauses als Konstruktionsspiel zum Gebrauch für die Bewohner,
Zweideutigkeit des Ausdrucks »offene und geschlossene Architektur«, einmal im physisch-räumlichen Sinn und einmal im Sinn abstrakten Operierens mit den Begriffen Offenheit und Geschlossenheit.

Diese Themen also sind Mittelpunkt der Diskussion. Hier wurden bestimmte Kriterien hervorgehoben, die mit den Themen verglichen werden können, die die Einwohner selbst entwickelt haben. Da die Gruppendiskussion vor der ersten Untersuchung stattgefunden hat, kann sie keineswegs von Tendenzen beeinflußt worden sein, die wir selbst im Anschluß an die Unterhaltungen mit den Einwohnern ins Gespräch hätten bringen können. Umgekehrt stand uns auch die Niederschrift dieser Diskussion erst zur Verfügung, als die erste Untersuchung schon abgeschlossen war, so daß man ebenso jeden unbewußten Einfluß von Themen, die während der Diskussion entwickelt worden sind, auf die Unterhaltungen ausschließen kann. Der Tatsache, daß bestimmte Themen – wie die eben zitierten – sowohl in der Diskussion als auch in den Interviews aufgetaucht sind, kann also eine um so größere Bedeutung beigemessen werden. Deshalb wollen wir Unterhaltungen und Diskussion gemeinsam analysieren.

Dennoch sollen hier zwei Themen ausführlicher behandelt werden, die die Fakten, die wir im ersten Teil zusammengetragen haben, durch wichtige Gesichtspunkte ergänzen können. Die Wichtigkeit, die wir diesen Themen hier zuerkennen, entspricht nicht der Wichtigkeit, die sie während der Diskussion hatten: Das erste Thema, das wir »Architektur und Wohnung« nennen, wurde kaum eine Minute lang behandelt, und außerdem mußte es noch von dem Soziologen in die Unterhaltung eingeführt werden, und das zweite, das man »Betonarchitektur und militärische Verteidigung« nennen könnte, interessierte vor allen Dingen einen der Teilnehmer, der die Diskussion eine ganze Weile bei diesem Thema festhielt, das dann aber nicht weiter verfolgt wurde.

Trotzdem schenken wir sowohl dem einen wie dem anderen große Aufmerksamkeit. Und zwar dem ersten, weil es einen wesentlichen Punkt in der Konzeption von Le Corbusier darstellt, und dem zweiten, weil es uns nützlich erscheint, die Resonanz aufzuzeigen, die es in den Gesprächen finden konnte.

Architektur und Wohnung

Wir haben schon in einem der vorangehenden Kapitel dargestellt, welche Wichtigkeit Le Corbusier der Verbindung der beiden Begriffe Architektur und Wohnung beimaß. Wir haben gesehen, daß für ihn Architektur »der Wohnung« gewidmet war:
»Es ist bedauerlich, daß sich die Moderne in zwei feindliche Lager aufgespalten hat, von denen das eine proklamiert: *Zuerst bauen*, und das andere: *Architektur ist das gelehrte, korrekte und großartige Spiel der unter dem Licht versammelten Baukörper.*«

Im Verlauf der Diskussion wurde dieses Thema – das noch dazu von dem Soziologen ins Gespräch gebracht werden mußte – in einer Kürze abgehandelt, über die nach dem folgenden geurteilt werden kann:

S   Sind die Wohnungsprobleme die Zentralprobleme der Architektur und des Architekten? Oder ist Architektur etwas ganz anderes? Ich weiß darüber nichts, ich frage nur ...
I   Architektur ist etwas anderes.
B   Sicherlich!

Gerade die beiden »Wortführer«, die im allgemeinen entgegengesetzte Ansichten vertraten, waren sich ohne Zögern in diesem Punkte einig. Man könnte daraus auf die Stichhaltigkeit dieser Meinung schließen, wenn nicht gerade Le Corbusier in einem guten Teil seiner Schriften das Gegenteil behauptet hätte. Einige Titel seiner Werke, wie »Das Haus der Menschen«, und vor allem »Ein Haus, ein Palast«, – die man als »Wohnungsbau gleich Architektur« übersetzen könnte, – drücken das deutlich genug aus. Andere Formulierungen, wie »die Verlängerung der Wohnung«, unterstützen diese These. Eine Kirche, das ist für ihn vor allen Dingen eine Verlängerung der Wohnung: Deshalb lehnte er es eines Tages auch ab, eine Kirche zu bauen:

»Mein Beruf ist, den Menschen Wohnungen zu bauen, ihnen ein Gehäuse aus Beton zu geben, das ihnen erlaubt, ein menschlicheres Leben zu führen. Wie kann ich eine Kirche bauen für Menschen, für die ich keine Wohnungen gebaut habe? Eines Tages wird man mich vielleicht bitten, eine Kirche für eine Wohnsiedlung zu bauen, das würde einen Sinn haben für mich...«

Wenn man diese Vorstellung der »Verlängerung der Wohnung« bedenkt, dann betrifft der größte Teil des Werkes von Le Corbusier den Wohnungsbau; die Kirchen, Stadien und Jugendhäuser kommen zu den zahlreichen Wohnbauten, Villen, »Unités d'habitation« usw. hinzu... Und ein Kloster ist für ihn in erster Linie ein Wohngebäude. Die Verbindung: Architektur und Wohnung ist also keineswegs evident, wie einerseits – im Negativen – die Sicherheit der Diskussionsteilnehmer und andererseits – im Positiven – das Gewicht beweist, das Le Corbusier ihr in seinen Schriften beimißt.
Daß Le Corbusier in Pessac wirklich versucht hat, »Architektur zu machen«, ist nicht zu leugnen.
Ob die Begriffe »Architektur« und »Wohnung« verbunden werden könnten, so, wie er es verstanden hat, ist dagegen zweifelhaft.

Betonarchitektur und militärische Verteidigung

I   (Im 19. Jahrhundert) ... gab es eine Vielzahl von Techniken. Die industrialisierte oder industrielle Bauweise war sehr viel weiter entwickelt als heute: Man stellte vorfabrizierte Pfosten, Balken und Fußbodenelemente her, die man zum Beispiel an der Porte des Lilas kaufen konnte, und anderswo konnte man ein Haus kaufen, das man in einigen Wochen zusammenbaute. In Paris und in den großen westlichen Ländern gibt es sehr sichtbare Spuren dieser Architektur (der *Eisen-Architektur*), z. B. die »Galerien« oder »Passagen« in Paris, mit all ihren außerordentlich leichten Arkaden. Diese ganze extrem leichte Architektur ist nicht weitergeführt worden. Warum? Ich nehme an, daß die Fliegerei sie unterbrochen hat, weil man dauernd unter der Drohung eines Krieges lebte und die Leute ein Gefühl von Unsicherheit hatten, wenn sie sich unter einer Art Glasdach befanden. Man hat dann – und das war Gesetz –, seitdem die Flugzeuge zum Bombardieren eingesetzt wurden, für die Decken eine Dicke von 30 cm, in manchen Ländern sogar von 50 cm Beton vorgeschrieben. Die Vielzahl der Betondecken hat die Sicherheit erhöht. Und dann haben einige Idioten gerufen: »Das ist Kunst! Das ist Kunst!« In Wirklichkeit war das ganz einfach eine Maßnahme gegen den Luftkrieg! Um die Maginot-Linie zu bauen, mußte eine unglaubliche und beispiellose Betonproduktion in Gang gesetzt werden... Zum Unglück für diese Industrie ist nicht immer Krieg! Manchmal ist Frieden! Es gibt Zwischenakte, und während dieser Zwischenakte mußten diese Industrien in Betrieb gehalten werden, diese Ware mußte abgesetzt werden, obwohl sie im Grunde ein Betrug ist, weil der Beton schwer ist und schwer zu handhaben und weil er den Schall überträgt; man kennt die Probleme, daß die Leute verrückt werden, weil sie in den darüberliegenden Wohnungen reden hören! Außerdem ist das Material noch wärmeleitend, es gibt Probleme mit der Heizung. Kurz, dies ist ein Material, von dem wir in der Schule gelernt haben, daß es für die Verwendung, die Le Corbusier ihm hat geben wollen, ungeeignet ist. Und er dachte, daß er eine Revolution macht. So, nun habe ich in großen Zügen die technische Revolution dargestellt, an die Sie 20 Jahre lang geglaubt haben!

Diese These wurde von den anderen Teilnehmern an der Gruppendiskussion schlecht aufgenommen und von ihnen im Sinne einer Parteinahme betrachtet:

B   Sie sprechen von den Bombardierungen! Davon konnte aber vor dem Krieg von 1914 nicht die Rede sein, wenn ich richtig gelesen habe, und Perret hat doch schon lange vor 1914 armierten Beton verwandt, und er hat immerhin sehr interessante Bauten errichtet, und Hennebique vorher!...
D   In der Tat, Perret, das weiß jeder! Das ist öffentlich bekannt, und deshalb kann ich Ihren Standpunkt nicht begreifen!...

Wie man sich erinnert, haben wir in einem der vorhergehenden Kapitel gezeigt, daß der eigentliche Ursprung des Projektes von Pessac – nämlich jener Artikel von Le Corbusier, der Frugès endgültig dazu gebracht hat, sich an Le Corbusier zu wenden – gerade die Möglichkeit hervorhob, Techniken militärischen Ursprungs zum Bauen zu verwenden. Dieser militärische Aspekt kann nicht unbeachtet bleiben, wenn man das Projekt von Pessac richtig einschätzen will. Übrigens wurde er in einem der Interviews sehr suggestiv dargestellt. Es handelt sich um das Interview mit dem einzigen Einwohner des Viertels Frugès, der sich ausdrücklich aus einer wahren Begeisterung für Le Corbusier dort niedergelassen hat: sein Urteil über Le Corbusiers Ästhetik und die Werte, die er darin sieht, sind deshalb außerordentlich interessant. Als glühender Bewunderer von Le Corbusiers Architektur entwickelte er am Beispiel der »Unité d'habitation« in Marseille einen der Gründe für sein Interesse an der Ästhetik Le Corbusiers:

M-22   Was ich in Marseille so ungeheuer liebte, das sind die Grundpfeiler, die Pfeiler in Marseille sind ... *untersetzt, im ganzen gesehen!*
V   Und ... das ist schön ... , daß sie untersetzt sind ...
–   Ja. Also da ... da komme ich an einen Punkt, der mich wirklich nur persönlich betrifft. Wie Sie gesehen haben, beschäftige ich mich mit der Geschichte des Kriegsmaterials*, und deshalb ... hege ich eine gewisse Bewunderung ... tja, ein gewisses Interesse für Blockhäuser ... Sehen Sie! ... Nicht als militärische Bauten, sondern als ... Plastik. Sehen Sie, ich mag z. B. auch die Bauten von Ledoux sehr gern ... Sehen Sie, das entspricht einer ... tja, ich weiß nicht, man brauchte einen Psychoanalytiker, um das herauszufinden ... Also diese Pfeiler in Marseille und dann auch viele andere Dinge in seinem System von roh ausgeschaltem Beton haben diese Art Kraft ... , die mich am Blockhaus interessiert ...

---

* Dieser Befragte sammelte in der Tat verkleinerte Modelle von Tanks und anderem Kriegsmaterial.

Es wäre ein Irrtum, diese Reaktion als einen Einzelfall anzusehen. Diese Richtung der modernen Architektur zeigt sich selbst 1967 als Architektur des »schalungsrauhen Betons«, für das die Kirche von Claude Parent und Paul Virilio in Nevers, die direkt von der Blockhaus-Architektur beeinflußt ist, ein gutes Beispiel ist*. Das Thema der Ähnlichkeit mit einem Blockhaus ist übrigens noch in einem anderen Interview aufgetaucht, diesmal aber in herabsetzender Deutung:

M-19 Als moderne Materialien mag ich Glas, Metall, Stahl, Aluminium; Beton mag ich nicht! ...

Der Befragte trifft sich in dieser Argumentation mit I, wenn er zwischen einer bestimmten Architektur mit militärischem Charakter und dem Gebrauch von Beton eine Verbindung herstellt. Und außer der positiven oder negativen Einschätzung des Betons sind wir auf die Verbindung zwischen Beton und Sicherheit, zwischen Beton und militärischer Architektur und zwischen Beton und Krieg gestoßen:

M-2 Ich kann Ihnen sagen, wie solide diese Häuser sind: Eine Bombe hat das Haus dort unten zerstört, die Terrasse ist heruntergekommen, aber sie ist nicht kaputtgegangen, und das Treppenhaus ist stehengeblieben. Daran sehen Sie ... hm, *daß das solide ist!* ... Das ist solide! ... Und ich habe versucht, Teile der Mauer abzutragen, um die Terrasse zu machen, ... ja also, ich sage Ihnen ..., ich habe Eisen gefunden! ... Da ist eine Menge von drin! ... Und wenn man sagt, das ist armierter Beton, also ... glauben Sie mir, der ist armiert! ... Bevor das einstürzt, nicht wahr, sind alle Häuser schon eingestürzt, und meines steht noch ... Ganz sicher!

Hier zeigt sich noch einmal die Verbindung von armiertem Beton und Sicherheit. Dazu gehört auch die Solidität: Wenn wir später das Thema »Konstruktionsspiel« untersuchen, ist es nützlich, vorher festgestellt zu haben, daß der Gegensatz zwischen Beton und Metall einen anderen einschließt: Den zwischen Solidität und Mobilität.

---

* Man vergleiche die Architektur der Kirche Sainte-Bernadette in Nevers mit den Beispielen für Blockhäuser, die die Zeitschrift von C. Parent und P. Virilio, »architecture-principe«, Nr. 7, in ansprechenden Fotos zeigt.

> *Wenn es auch stimmt, daß die Begriffe der Gesamtheit und der Totalität des Menschen als eines Ganzen und die der wechselseitigen Beziehungen innerhalb der Gesamtheit nicht problemlos sind, so ist das doch kein ausreichender Grund dafür, sie aufzugeben.«*
>
> H. Lefebvre

6 Die Interviews: die Elemente des Hauses und das Haus als Ganzes

Wir werden zunächst zeigen, wie ein Interview aussieht, das fast ungekürzt wiedergegeben wird. Obwohl es außerordentlich kurz ist, ist es dennoch vielseitig genug, um eine Vorstellung von der tiefgehenden Resonanz zu vermitteln, die das Leben in all seinen Bereichen im Haus finden kann. Man kann daraus ersehen, in welcher Weise das Haus die Entfaltung einer Vielzahl von Gefühlen unterstützen und wie es als Spiegel der Vorstellung dienen kann, die man zu einem bestimmten Zeitpunkt von seinem eigenen Leben hat; trotz der Unbeständigkeit des Lebens und der offenbar statischen Beharrung des Hauses scheint das Haus diese Vorstellung in jedem Augenblick des wechselnden Lebens widerzuspiegeln. Die Wohnung reflektiert gewissermaßen das Leben in seiner ganzen umfassenden Realität, und wir haben geglaubt, nur indem wir hier eine Befragung in extenso wiedergeben, eine Vorstellung davon vermitteln zu können, wie deutlich das in gewissen Interviews zum Ausdruck kommt. Nur ein vollständiges Interview kann der Komplexität des »Wohnens« gerecht werden.

V   Also ist das schlecht gemacht ...
M-14 Ja, **sehr schlecht** sogar! ... Mit dem da hätte er was Besseres machen können als das... Sehen sie sich das an! ... Sehen Sie! Es regnet überall rein! ... Hier! das habe ich selbst gemacht (den Innenhof überdeckt), ich habe das selbst gemacht, aber diese Knallerei! Da sehen Sie, wie das ist! ... Die haben ge-

dacht, daß sie Wunder vollbringen! Na schön, glauben Sie mir! ... Ich habe seinerzeit ein bißchen auf dem Bau gearbeitet, na ja! ... Ich habe was anderes gesehen als das da! o ja! ... Ich habe ein Zimmer, wo die Decke offen ist! ... Dachrinnen sind vorhanden, aber er (der Besitzer) läßt sie niemals herrichten ... nur die Miete erhöht er! Aber Reparaturen macht er nicht ... Wir kommen auf Zwölftausend und einige ... also natürlich ...

V   Würden Sie es früher gekauft haben?
–   O ja! Weil wir dann Mauern eingezogen hätten... Wir hätten die Zwischenwände versetzt ... *aber jetzt* ... unser Ältester hat gebaut ..., der Zweitälteste hat einen Unfall gehabt, er geht an Krücken ... der dritte ist auch zum Militär gegangen ... er hat jetzt auch einen Unfall gehabt ... Also so kann man nicht leben! ... Nein! ... Natürlich, ein ganz anders gebautes Haus, also das hätte vielleicht ... Sehen Sie: Was soll das alles? ... Man sollte meinen, man ist ... in Marabout, dort unten in Afrika ... Sehen Sie, dort, die Pergolen ... Wozu sollen die gut sein? ... Es wäre besser gewesen, noch zwei Zimmer in einem Anbau anzubauen, und das ist alles ... als dieses Dings da oben, dort! (die Terrasse). Und das bröckelt doch alles ab mit der Zeit ... der Zement zerfällt ... und das Eisen sprengt den Rest, und dann wird's so! ... *Das kaufen* ... aber sagen Sie mal! ... das kaufen! Aber das (die Terrasse) muß runtergenommen werden! ... und das kann man nicht alleine! Das wiegt was, diese Dinger! ... Da sind solche Rundeisen drin! Mit dem Eisen, das da drin ist, nicht wahr, damit hätte Le Corbusier ein tolles Gebäude bauen können! Gegenüber: ... keine Sau hätte da reingehen mögen ... Und gehen Sie *jetzt* mal hin! Das ist ein Haus, das mindestens 13 Millionen wert ist! (Einer der »Wolkenkratzer« von Le Corbusier) ... Jetzt kann ich das Wasser hier nicht mehr aufhalten, nicht wahr! ... sonst wär's hier sauber ... Sehen Sie, früher haben wir hier gegessen (im Innenhof) ... mit den Kindern ... *jetzt* essen wir immer drin ...

V   Früher war's besser ...
–   Tja ... das heißt, früher war das hier nach oben offen ... jetzt habe ich das aber so gemacht (den Innenhof überdacht) und es regnet trotzdem durch! ... Wenn sie hier knallen (es handelt sich um den Knall der Überschallflugzeuge): dann springt die Tür auf ... der Hund haut ab! ... Wenn sie ihre Scheiß-Knallerei da loslassen ... weil sie anfangen, uns damit auch noch auf den Wecker zu fallen ... die Kranken da vorne: Glauben Sie, daß denen das gut tut? ... Vorher

hatten wir es hier sehr ruhig! ... *Jetzt*, seitdem man hier Häuser baut ... Sehen Sie, *jetzt* ist das hier eine Stadt! Meine Frau hat geweint deswegen ... sie wollte nicht hierbleiben ... aber wir hatten unsere Ruhe hier ... *jetzt* heiraten die Kinder ... ich verlange kein Schloß! ... aber wir wollen wenigstens unseren Frieden haben! ... Was soll das ... nebenan haben sie die Häuser gekauft, ... der ganze Block da, ... ich bin der einzige, der nicht gekauft hat ...

V Aber es gibt noch andere Mieter ...
– Das denken Sie! ... ich bin der einzige ... sie haben alle gekauft! ... Nur noch ich bin Mieter ... Sieh mal an! ... der Kater! ... also, wenigstens der ist was Besonderes! ...
V Haben Sie noch andere Tiere?
– Ja, noch eine Katze und einen Hund ...

Mit Ausnahme einiger Einleitungs- und Schlußworte ist das Interview hier praktisch vollständig wiedergegeben. Schon die syntaktische Ordnung scheint uns die physische Wechselbeziehung zwischen dem Wohnen und dem Rest aufzuzeigen: »Der dritte ist auch zum Militär gegangen ... er hat jetzt auch einen Unfall gehabt ... Also so kann man nicht leben! ... Nein! ... Natürlich, ein ganz anders gebautes Haus, also das hätte vielleicht ...«
Wir haben das immer wiederholte »jetzt« hervorgehoben: Als wenn das Haus nicht mehr dasselbe wäre wie früher. Es ist gealtert, sicher, aber hat sich zuerst das Leben verändert oder zuerst das Haus? Und kann man in dieser Wechselbeziehung eigentlich dem einen oder dem anderen Alterungsprozeß die Priorität zuerkennen?

Es ist also schwierig, diesen globalen Aspekt des Wohnens von den übrigen Umständen aller Art, die er nach sich ziehen kann, zu trennen. Um sich davon zu überzeugen, genügt es übrigens, die Schwierigkeiten zu bedenken, die eine Punkt für Punkt durchgeführte Analyse der verschiedenen Aspekte des Wohnens mit sich bringen würde: Nehmen wir als Beispiel die *Fenster im Querformat.* Sie sind einer der von Le Corbusier entwickelten fünf Hauptpunkte der modernen Architektur, der wesentlichen Elemente seiner neuen architektonischen Syntax, und diese Fenster gehören zunächst zu den frappierendsten Veränderungen, die man beobachten kann. Es hat sich eine wahre Rückkehr zu den traditionellen Fensterformen ereignet, deren Existenz Le Corbusier ja gerade in Frage stellen wollte. Er schrieb darüber an einen jungen Architekturstudenten:

»Wie machst Du ein Fenster? Aber apropos: Wozu dient eigentlich ein Fenster? Weißt Du wirklich, warum man Fenster macht? Wenn

Du es weißt, sag es. Wenn Du es weißt, wirst Du mir sagen können, warum man quadratische Fenster macht, Fenster in Bogenform, rechteckige Fenster usw. ... Ich möchte gern Gründe dafür wissen. Und ich füge hinzu: brauchen wir heute überhaupt Fenster?«

Nach dieser grundsätzlichen In-Frage-Stellung ist die Lösung für Le Corbusier »das Fenster im Querformat«. Dank der technischen Neuerung, daß die Fassade nicht mehr unbedingt eine tragende Wand sein muß, kann man es sich erlauben, ein Fenster über die ganze Länge der Fassade laufen zu lassen.

»Das Fenster im Querformat und schließlich das Mauerelement aus Glas haben uns in eine Situation gebracht, die mit der Vergangenheit nichts mehr gemeinsam hat.«

In der Siedlung Frugès sind mehr als die Hälfte der Fenster, die ursprünglich »Querformat« hatten, verkürzt worden. Dafür sind die verschiedensten Erklärungen gegeben worden:

F-13 Wir haben ihn (den Besitzer) um schmalere Fenster gebeten, damit es innen größer aussieht ...
V Ihnen gefällt das also nicht, die großen Öffnungen ...
— o nein! Überhaupt nicht! Ich habe solche Fenster gehabt: erstens ist es sehr schwierig, sie müssen sich auf das Fensterbrett setzen, um den Fensterrahmen zu putzen ... Wenn Sie im zweiten Stock sind, dann ist das! ...
Und dann das Metall, das hat Spiel gehabt ... nebenan ist es neu gemacht worden in Holz, das ist gut ...
F-6 ... Während des Krieges, bei den Bombardierungen, sind alle Scheiben eingedrückt worden; damals gab es kein Glas, deshalb hat man die Fenster verkleinern müssen.
F-3 ... Weil die Fenster ganz durchgingen, haben sich die Jungs von nebenan einen Spaß daraus gemacht, die Kinder zu ärgern, die wir hier hatten ... also haben wir sie zugemacht ... und dann haben wir dieses Mauerstück in der Mitte eingesetzt, ich finde, das ist besser ...
EXT.
F-35 Die Fensteröffnungen sind nicht hübsch, nicht wahr!
V Warum?
— Warum? Na ja, weil sie häßlich sind!
V (...)
— Was ich an diesen Fenstern häßlich finde, das sind diese Eisenstreben, dort, es sind zu viele! In einer Fensteröffnung sollte entweder gar nichts sein, oder aber kleine Scheiben ...

In der Mehrzahl der Erklärungen mischt sich Funktionales, Rationales und Ästhetisches. Man hat immer die funktionale Erklärung bereit, aber die wahre Erklärung findet sich oft ganz woanders: »... und dann (...) ich finde, das ist besser...« Sollte die Erklärung nicht schließlich in jenem traditionellen Glaubensbekenntnis zu suchen sein, das am Schluß ausgesprochen wird: »In einer Fensteröffnung sollte entweder gar nichts sein, oder aber kleine Scheiben...« Ein Widerspruch, der in einer Unterhaltung aufgetaucht ist, könnte diesen Konservatismus bestätigen, der hier zum Konformismus wird: Es handelt sich um eine Frau, die einerseits die Fensterläden schließt, weil das querformatige Fenster mit der großen Glasfront ihrer Meinung nach die Hitze hereinläßt, die ihr sogar die Vorhänge versengt. Umgekehrt »verursacht das Fenster im Winter Wärmeverluste«. Dann stellt man im Laufe des Interviews fest, daß die gleiche Frau vorhat, ein Zimmer, das genau zur gleichen Seite hin orientiert ist, »durch eine große verglaste Türöffnung (zu) vergrößern ..., wie man es jetzt macht, damit es direkt auf den Garten hinausgeht.« Was besteht für ein Unterschied zwischen dem querformatigen Fenster und der »großen verglasten Türöffnung«, wenn nicht der, daß das zweite so ist, »wie man es jetzt macht«.
Aber könnte man nichts Besseres herausfinden als diese Erklärungen für einzelne Punkte? Und selbst, wenn man annimmt, daß die Verkürzung der Fenster durch Konformismus erklärt werden kann, dann müßte immer noch dieser Konformismus erklärt werden.

Ein anderer Aspekt jener Schwierigkeit, die Reaktionen der Bewohner auf dieses oder jenes Element des Hauses grundsätzlich herauszuarbeiten, findet sich, wenn man das Problem der Terrasse betrachtet, genauer gesagt, der »Dachterrasse«, die immerhin untersucht werden mußte, da sie – wie das »Fenster im Querformat« – ein wichtiger Bestandteil in der Konzeption Le Corbusiers ist.

»Die Dachterrasse ist ein neues Werkzeug für einen charmanten Zweck ... der armierte Beton ermöglicht die Dachterrasse, die, mit einer Erdschicht von 15 oder 20 cm versehen, zum *Dachgarten* wird.«

Was sagen die Einwohner dazu?

V   Gehen Sie auf die Terrasse hinauf?
F-1   O nein, nicht um mich dort aufzuhalten ... es ist heiß dort ... Und dann, sehen Sie, wenn es windig ist, ist es dort kalt.
M-13   Meine Eltern machen das so... Aber wenn ich sie wäre, ich würde die Terrasse benutzen, man kann dort einen Sommergarten einrichten, das wäre sehr modern...

V   Benutzen Sie diese Terrasse?
M-9 O ja! ... Jetzt ist es dort ... man könnte dort essen, wir haben dort gegessen...
F-13 Die Terrasse und die Veranda sind praktisch zu nichts zu gebrauchen, also, aus Gewohnheit benutzt man sie als Abstellfläche, man tut dort ... Sachen hin, altes Gerümpel, alte Möbel ... nichts Großartiges, nicht wahr! ... Man hätte dort gleich einen Eingangsflur und ein Zimmer einrichten sollen, das hätte mehr Platz gegeben ...

Man schlage auch auf Seite 59 (F-6) nach, aber die Komplexheit des Problems erscheint in ihrem ganzen Ausmaß erst in dem folgenden Abschnitt:

F-15 ... (...) ... die Terrasse ist sehr groß! Gut! Gut! Man hat sehr viel Platz! Aber warum hat man nicht daran gedacht, eine Außentreppe anzubringen: Man muß erst reingehen ... über diese Treppe gehen ... durch ein Zimmer gehen, das als Schlafzimmer vorgesehen ist ... auf einer Terrasse wächst eigentlich immer was, und das bringt es mit sich, daß die Hausfrau mit Wasser und mit Erde hin und her laufen muß! Übrigens, sehen Sie mal! ... Und das ist beinah komisch! ... keiner benutzt die Terrasse! Nur in den großen Häusern da rechts benutzen die Leute ihre große Terrasse ganz oben, um ihre Wäsche aufzuhängen ... aber niemand hat sie mit Blumen hergerichtet, oder mit eisernen Gartenmöbeln, wie man es z. B. in Arago oder in Camponnac sieht. Und warum? Weil das (in Arago) Loggien sind, die direkt an den Wohnraum angrenzen. Wenn man also aus dem Wohnraum herauskommt, kann man direkt auf die Terrasse gehen, ohne durch das Schlafzimmer hindurch zu müssen. Und dann hat man in diesen großen modernen Wohnblocks die Loggien gebaut, die direkt an das Schlafzimmer angrenzen. *Aber das... ist etwas anderes...* das gehört zum Schlafzimmer, das stört niemanden ...

Welche Schlüsse kann man nun aus diesen Textpassagen ziehen? Daß es heiß ist auf den Terrassen/aber daß man dort im Sommer einen Garten einrichten kann ... daß man nicht dort hinaufgeht/ aber daß man früher dort hinaufgegangen ist ... daß die Terrassen an sich sehr gut sind/aber daß der Zugang unzweckmäßig ist, obwohl man jedoch in den »modernen Wohnblocks« Loggien gebaut hat, die auch an das Schlafzimmer angrenzen/ aber daß das dort etwas anderes ist... Im ganzen genommen, eine Reihe von Widersprüchen, die sicherlich gut zu begründen sind, die aber in keinem Falle eine entscheidende Kritik darstellen.

Deshalb schien es uns, daß man von der – scheinbar objektiven – Detailkritik der Bewohner absehen müsse. Die Anschauungen sind schon interessanter als die direkt formulierte Kritik: Mit den Terrassen steht der orientalische Charakter der Häuser in Zusammenhang, den wir noch analysieren werden. Aber die Terrassen, das ist auch »verschenkter Platz«:

EXT.

F-35 Dieser Innenhof und diese Terrasse, das ist sehr viel verschenkter Platz, in unserem Klima, wo es viel regnet...

Es handelt sich hier um eine Anschauung, denn die Frau, die diese Aussage macht, wohnt nicht in der Siedlung und hat diese Häuser niemals besichtigt. Und im übrigen kann der Platz nur im Vergleich zu der Gesamtfläche des Hauses, zu dem er gehört, als verschenkt oder nicht verschenkt angesehen werden. Man wird nämlich feststellen, daß die Häuser ziemlich geräumig sind. Man könnte also annehmen, daß dieses »das ist sehr viel verschenkter Platz« soviel heißt wie: »das sieht orientalisch aus.« Hier wird das Problem der Diskrepanz zwischen den Fakten und den Worten, zwischen der Empfindung und dem verbalen Ausdruck, zwischen dem »wie es aussieht« und dem »was es ist« berührt. Nichts zeigt diese Diskrepanz deutlicher als der ständige Gegensatz von Worten und Fakten, den wir beobachtet haben. Dafür ist auch jener Einwohner ein Beispiel – um die Analyse der Terrassen fortzusetzen –, der erst erklärt, daß er dort im Sommer hin und wieder ißt und manchmal sogar auch schläft, wenn es zu heiß ist – was in Bordeaux ziemlich häufig vorkommt –, der uns sogar mit Stolz gezeigt hat, daß man von seiner Terrasse aus die neue Brücke von Bordeaux sehen kann, und der dann sein Bedauern darüber zum Ausdruck bringt, daß seine Mittel es ihm »natürlich« nicht erlaubt haben, sich ein Haus mit einem Dach zu kaufen. Oder – ein gegenteiliges Beispiel – jener andere Einwohner, der niemals auf seine Terrasse hinaufgeht (einmal im Jahr, sagt er in der Unterhaltung), aber der seine Befriedigung darüber ausdrückt, daß er auf sein Dach hinaufsteigen kann:

M-3 Hier ist auch noch die Terrasse... Ich kann sogar auf dem Dach frische Luft schöpfen!... Sie können mir glauben, daß das eine Annehmlichkeit ist!...

Hier hat man die beiden Aspekte des Bildes, das die Gesamtheit des Hauses umfaßt: Einerseits das traditionelle Dach und andererseits das Dach, auf das man hinaufsteigen kann, der »Dachgarten«, der nach Ansicht Le Corbusiers ein »Vergnügen (schafft), das es in gewissen Zivilisationen gab«. Findet man es also erstaunlich, daß gerade die Terrassen der Architektur von Pessac jene Bedeutung verleihen, die die Bewohner ihr beimessen?

EXT.
F-35 Was überrascht, das sind die Terrassen ... das sieht etwas orientalisch aus, diese Terrassen...

Und von der gleichen Frau hört man:

- Im ganzen gesehen, was mir gefällt, das wäre in der Art, sehen Sie!... ein großes Haus mit einem großen Dach!

Dach oder Terrasse, das Haus ist das gleiche, und es ist bekrönt durch ein Zeichen, eine Marke.

M-7 Wenn ich den Stil des Daches verändere, verändere ich den Stil des ganzen Hauses... Wenn Sie die Konstruktion des Hauses nehmen, quadratisch, wie es ist, wenn Sie da zum Beispiel ein Dach draufsetzen, dann nehmen Sie dem Haus seine Eigentümlichkeit...

Aber es gibt zwei Arten von Zeichen: Das Objekt-Zeichen und das Wort-Zeichen. Auf der Ebene des Objektes ist das Dach etwas Materielles, Körperliches. Aber die Terrasse ist nichts Materielles, sie ist ein simpler Entwurf, und wenn es hochkommt, eine Abstraktion – für Architekten... Und schließlich bedeutet sie vor allen Dingen das Nicht-vorhanden-Sein des Daches, wie die folgende Aussage zeigt:

EXT.
JM-35 Das war überraschend, im Vergleich zur échoppe, diese Dächer als Terrassen... *dieses Fehlen eines Daches* ...

Auf der verbalen Ebene hat man also verstanden, daß man die zusammengesetzten Wörter »Dachterrasse« oder »Dachgarten« gebrauchen müßte, bevor man das einfache Wort »Terrasse« benutzen kann, wenn dieser Ausdruck auch eigentlich vom Architekten stammt. In der Öffentlichkeit ist der Ausdruck noch nicht ganz gebräuchlich: Ein Einwohner gebrauchte das Wort Dach, um von seiner Terrasse zu sprechen, und als Dach ist die Terrasse natürlich eher merkwürdig: Man gerät ins total Unbekannte, man verliert sogar den

Sinn für einige elementare Realitäten, wie das Gewicht des Wassers und seine Verdampfungsgeschwindigkeit:

M-15 Das Dach, ich weiß nicht ... ich war nie dort oben ... hier unten sind Risse ... auf dem Dach muß das Wasserlachen geben ... ich weiß nicht ... ich bin nie dort hinaufgegangen ... ich weiß nicht, ob ein Wasserablauf vorgesehen ist – eigentlich müßte so etwas vorgesehen sein ... oder ob sie erwarten, daß das Wasser verdampft ...

Hier entspricht die Hartnäckigkeit, mit der das Wort »Dach« gebraucht wird, das ein wohlbekanntes Konzept oder Objekt zum Inhalt hat, der undefinierbaren Merkwürdigkeit dessen, was materiell vorhanden ist.

In seiner Gesamtheit ist das Haus eine Synthese aus verschiedenen Elementen, aber bestimmte Einzelelemente können zur Gesamtbedeutung, die dem Haus beigemessen wird, entscheidend beitragen.

> »Man hat immer seine
> eigenen
> Pläne! Man will sein eigenes
> Haus, nicht wahr!
> Für sich... wie ... wie man
> es eben haben will!«
> M. L., Einwohner von Pessac

7 Die Interviews: die Vorstellungen der Einwohner

Es ist klargeworden, daß das Haus zwar eine Einheit ist, die man nur schwerlich in Einzelelemente zerlegen kann, daß jedoch einige dieser Einzelelemente – z. B. das Dach und die Terrasse – die Gesamtidee des Hauses materiell stützen können. Das Haus seinerseits stützt andere Vorstellungen, die einer bestimmten Anzahl von Konzeptionen entsprechen, die hier darzulegen uns interessant erscheint.

Die Anfangseindrücke: befremdlich und fremdländisch

Wir werden im wesentlichen Passagen zitieren, die aus Interviews mit »Alteingesessenen« stammen, d. h. mit Leuten, die von Anfang an, seit der Zeit zwischen 1926 und 1930, in diesen Häusern wohnen. Die bereits zitierten Passagen haben die Beunruhigung sichtbar gemacht, die damals herrschte und die durch die schlechte soziale Reputation des Viertels, das beinahe zu einer Tabu-Zone geworden war, noch erhöht wurde.

F-6 Am Anfang, müssen Sie wissen, ging es hier ziemlich ruhig zu, in dieser Gegend hier...

M-3 Am Anfang gab es hier schon sonderbare Leute ... das war schlecht organisiert ... weil es dieses Loucheur-Gesetz gab, zahlten die Leute nicht. (...) Das hat natürlich einen sehr schlechten Eindruck gemacht ... zuerst war man ja diese quadratischen Häuser noch nicht gewohnt, und dann auch noch diese Farben; also, das war der Gipfel ... das war sehr häßlich. Dieses Braun da! Nein, das war nicht schön, gar nicht schön, das sah aus wie ... Das hat auch viele Leute schockiert, diese Farben ... Sie haben sich nicht gesagt: »Was soll's, man kann's ja überstreichen!«

F-3 Wir waren Aussätzige ... »Was! Ihr wohnt in dem marokkanischen Viertel?« ... Und ich habe mir gesagt: »Oje, oje, und wenn es mir da nun nicht gefällt? Was mache ich dann?... Das war unangenehm ... ich hatte den Eindruck, ins Gefängnis zu gehen! Bevor wir es gekauft haben, habe ich gefragt, ob man es bei Nichtgefallen weiterverkaufen könnte. Man hat damals gesagt, ja ... Nun ja, also ... Wenn ich erzählt habe, daß wir da unten kaufen wollten, dann hieß es: Uh, Sie gehen in diese Siedlung da! Bah, da ist es doch nicht schön! – Da habe ich mir gesagt: »Wenn man es nun nicht los wird, was machen wir dann?«... Von 10 Leuten, die gesagt haben: »Da ist es nicht schön«, waren mindestens neun noch nie da gewesen. Sie hatten es überhaupt noch nie richtig gesehen.

S   Sie haben kämpfen müssen...

–   O ja! Also habe ich mir gesagt: »Wenn es mir dort nicht gefällt, was machen wir dann?« Ich war ein bißchen beeindruckt von diesem ... Urteil; und dann, sobald wir eingezogen waren, hat es uns gefallen ... und wir sind hier geblieben! Und wir werden hier bleiben ... Jetzt habe ich gesagt: »Für unseren Haushalt ist es groß,« aber trotzdem, ... man fühlt sich wohl hier!

Zu Anfang wird nicht genau erklärt, warum Pessac den Leuten nicht gefällt:

F-6 Meinem Mann hat es am Anfang ganz und gar nicht gefallen, ganz und gar nicht, ganz und gar nicht!

V   Was hat ihm denn nicht gefallen?

–   Was ihm nicht gefallen hat? **Nichts!** ... Nichts hat ihm gefallen ... Er hatte es nun mal genommen ... Wissen Sie ... Ich mußte darauf **bestehen**, um ihn dazu zu bringen, aber es **gefiel ihm nicht!** Und dann, später, hat er sich dran gewöhnt, und er sagte zu mir: – Trotzdem, das hast du gut gemacht, daß wir hier was gekauft haben! – Man hat sich dran gewöhnt, und dann gefiel es uns **sehr sehr sehr gut!** Ja!

V   War es der Stil des Hauses, der ihm nicht gefallen hat?

–   Ach, na ja, ... Ich weiß nicht ... Wissen Sie, wenn man ein

Vorurteil gegen etwas hat, nicht wahr! dann weiß man gar nicht genau, warum! Ich weiß nicht ... Er hat mir niemals gesagt, was ihm eigentlich nicht gefallen hat ... Vielleicht die Siedlung? Oder vielleicht das Haus? Jedenfalls ... es gefiel ihm nicht! Überhaupt nicht! ... ...

Und dann finden sich Erklärungen:

F-6 ... Es war einfach zu modern! ... Ich glaube, es war die erste Arbeit von Le Corbusier, und ... wissen Sie, die Leute mochten das nicht, nein ... Für sie war das einfach das marokkanische Viertel! Ja! Weil sie sagten, das seien marokkanische Häuser, im marokkanischen Stil; aber uns ... äußerlich ... (mein Mann ist in den Kolonien gewesen) äußerlich gefiel mir das nicht sehr, aber als ich es dann einmal von innen besichtigt hatte, wirklich, war ich von der Aufteilung des Hauses begeistert, die Lage der großen, sehr hellen, sehr luftigen Räume, die gut ausgebaut waren, und das Äußere, mein Gott. Wissen Sie, wir haben es anstreichen lassen, wir haben es hergerichtet, und als wir es erst mal gerichtet hatten, war es wirklich sehr schön ... Ja! ... Es war übrigens das schönste in der ganzen Siedlung, nicht wahr, die Nr. 42! ...

Immer wieder das Sich-erinnert-Fühlen an die afrikanische Architektur. Aber das betrifft nur das *Äußere* der Häuser, und zwar hauptsächlich die Terrassen, wie wir gesehen haben:

M-3 Das sah algerisch aus, das war Kolonialstil.
V Warum meinten Sie das?
– Zuerst mal diese Häuser! quadratisch, und mit Terrassen und so ... kubisch, und dann ... der Stil mit den Terrassen. Unten der Innenhof, nicht wahr! ...

Anders ausgedrückt, das, was an die arabische Architektur erinnert, sind die Terrassen, und außerdem ... die Terrassen ...

M-14 Schauen Sie! Was bedeutet das alles? (Zeigt auf die Terrasse.) ... Man sollte meinen, man ist in Marabout, unten in Afrika ...

Das Wesentliche scheint hier ausgedrückt zu sein: die Terrasse bedeutet nichts, die Terrasse stellt nichts dar. Und da man ihr wohl oder übel eine Bedeutung geben muß, hat man dafür die arabische Architektur gefunden. Denn die Dinge können nicht für sich existieren, sie müssen an etwas erinnern, etwas bedeuten. Was wesentlich erscheint bei diesem Sich-erinnert-Fühlen an die arabische Architektur, ist das Bedürfnis der Leute, einer Architektur, die sie für fremdländisch halten, weil sie ihnen befremdlich vorkommt, ein bestimmtes Land oder eine bestimmte Gegend zuzuordnen. Denn man könnte auch auf einer anderen Ebene eine Bedeutung finden; es gibt da besonders eine, die wir schon zitiert haben: »Die Zuckerwürfel von Frugès«. Es erscheint uns daher wichtig zu betonen, daß die Architektur von Le Corbusier in Pessac – die, wie wir gesehen haben, zur »internationalen Stilrichtung« gehörte und den Regionalismus bekämpfte – von den Einwohnern »buchstäblich« auf eine Region festgelegt wurde, und noch mehr von den Beobachtern. Zitieren wir noch einmal die gleiche Interviewpartnerin, die nicht in der Siedlung wohnt:

EXT.
F-35 Es scheint, daß diese Architektur nicht ihrer Umgebung angepaßt ist, daß sie nicht dort ist, wo sie hingehört ... Eine Architektur, die ich mir gut in einem sonnigen Land vorstellen könnte ... Was ein bißchen überrascht, sind die Terrassen ... das sieht ein bißchen orientalisch aus, diese Terrassen da ...

Natürlich würde man von der gleichen Interviewpartnerin eine etwas genauere Definition der lokalen, regionalen oder nationalen Architektur erwarten, als sie sie gibt:

– Was hierhin passen würde, das wäre meiner Meinung nach ein großes Haus mit einem Walmdach zum Beispiel.

Der regionale Prototyp: Die »échoppe«

Dennoch, die regionale Architektur existiert, wir haben sie gesehen: Die »échoppe bordelaise« und die »Kartause«. Sie sind auf zwei Arten definiert worden.
Die Definition nach ihrem Äußeren:

EXT.
JM-35 Eine échoppe ist ein langgestrecktes, niedriges, einheitliches Gebäude, es steht am Rande einer Straße ... die Kartause (chartreuse) dagegen steht in einem Garten; es gibt immerhin einen beachtlichen Unterschied zwischen einer échoppe und einer Kartause ...

Die Definition nach der inneren Aufteilung:

EXT.
F-32 Eine échoppe hat ... in der Mitte einen Flur, die Zimmer liegen zu beiden Seiten, nach hinten ist eine Veranda, das ist der bordelaiser Stil, nicht wahr! (...) Das hätte mir auch gefallen ... wenn ich das Geld gehabt hätte ...

Auf jeden Fall dient sie ganz deutlich als Vorbild:

EXT.
F-33 Der einzige Nachteil bei diesen Häusern: Man muß durch das Wohnzimmer gehen, um in die Schlafzimmer zu kommen ... (Meine Eltern haben immer eine échoppe gehabt ... Vielleicht möchte ich deshalb einen Mittelgang haben) ...

Diese zuletzt zitierte Interviewpartnerin wohnt in einem 1960 gebauten Haus, das zu einer anderen Siedlung gehört*, aber das Problem ist genau das gleiche wie im QMF: Die Eingangstür führt direkt in das Wohnzimmer. Definieren wir die échoppe noch einmal genauer: Es gibt die doppelte échoppe, die der oben gegebenen Definition entspricht, und die einfache échoppe, bei der der Flur an einer Seite liegt und die Zimmer nur nach einer Seite abgehen (an der anderen Seite schließt meistens das Nachbarhaus an). Der Entwurf von Le Corbusier bot sich geradezu an für einfache Veränderungen, die die Häuser von Pessac dem Prototyp der échoppe annähern. Wenn man die Innenumbauten betrachtet, die einige Bewohner vorgenommen haben, stellt man fest, daß es möglich ist – und das ist häufig vorgekommen –, durch die Errichtung einer einzigen Wand den offenbar wesentlichsten Bestandteil einer einfachen échoppe wiederherzustellen: den seitlichen Flur. Ein Bewohner, der nicht aus der Gegend stammt, spricht diesen Gedanken selbst aus:

M-3 Also ich, als ich hier reingekommen bin, war ich gleich in meinem Haus, ganz selbstverständlich und normal, nicht wahr.
S Normal ...
– Ja, obwohl ... das Äußere sah gar nicht so aus ... Ich sage Ihnen, daß deswegen manche Leute nicht kommen wollten ... aber hier ... ich ... ich bin reingegangen! Was soll's! Es gibt ein Eßzimmer, eine Küche ... es gibt ... ein kleines Wohnzimmer, ein Arbeitszimmer, Schlafzimmer. Gut, für mich ist alles da, was man braucht ... Viele haben noch eine Wand

* Siehe Kap. 4, S. 60.

hochgezogen, dort, damit sie nicht zu sagen brauchen: »Man kommt direkt rein« ... Nein! Das gefiel ihnen nicht ... Die wollten, daß man genauso reinkommt, wie in dem Haus, wo sie hergekommen sind ... in der Stadt, sehen Sie! ... in den échoppes, wie man das in Bordeaux nennt: Man kam immer zuerst in einen Flur. Tja! Die kamen aus den échoppes, die wollten alle zuerst in einen Flur und nicht sofort ins Zimmer*.

Anders ausgedrückt, für die Leute von Bordeaux ist die échoppe das »normale« Haus, während für diesen Befragten die Häuser von Pessac normal waren; dennoch mußte er sich davon überzeugen, daß auch alle Bestandteile vorhanden waren, die normalerweise ein Haus ausmachen ... Eßzimmer, Küche, Schlafzimmer usw. ... Weil ihm das nämlich in Wahrheit gar nicht nach einem Haus aussah: » ... das Äußere sah gar nicht so aus«.' Übrigens, gibt es für diesen Befragten das normale Haus überhaupt? Ist der Ausdruck selbst nicht schon der Reflex einer Entdeckung, einer Erfahrung, daß es normale Häuser gibt, an die man sich, in Ermangelung von etwas Besserem, schließlich gewöhnen muß ... :

M-3 Man ist wirklich König! ... Was will man denn mehr? ...
S   Jeder hat seine eigenen Vorstellungen von seinem Haus ...
–   o ja, ja, ja, ja, ja! Das stimmt! Bevor ich hier wohnte, hatte ich immer eine Idee, ich hatte ein Haus ... in Gedanken! Der Plan war eigentlich schon fertig, verstehen Sie? Ich wußte genau, wenn ich einmal ein Haus bauen würde: So sollte es aufgeteilt sein! Es war da ... und sogar jetzt noch, wenn ich für mich ein Haus zu bauen hätte ... nun, ich hätte schon meinen Plan; sehen Sie, so hätte ich es gern ...
S   Wie sollte es denn sein, dieses Haus? ...
–   Na ja! Hören Sie, jetzt denke ich eigentlich nicht mehr oft daran, wo es jetzt die Autos gibt, und all das ... Ich sage: *Wenn* man es noch einmal zu tun hätte, hätte ich noch immer einen Plan; all das, was ich bis jetzt gesehen habe, würde ich vielleicht in meinen Ideen mit verarbeiten, aber schließlich ... *Man hat immer seine eigenen Pläne! Man will sein eigenes Haus, nicht wahr! Für sich ... wie ... wie man es eben haben will!***

* Siehe am Schluß des Bandes den Einfluß, den das Vorbild der échoppe auf die Zeichnung des Sohnes eines Architekten hatte (ungefähr 10 Jahre alt) und der sich in dem Vorhandensein eines Flurs äußert, während der Junge in einem modernen Haus wohnt, das sein Vater gebaut hat, wo die Innenräume ineinander übergehen und wo es gerade keinen Flur gibt.
** Siehe Foto 61 vom Haus des Interviewpartners.

Das Äußere und die innere Aufteilung

Bei den beiden eben gegebenen Definitionen der échoppe – der Definition dem Äußeren nach und der nach der inneren Aufteilung – kann man merkwürdigerweise feststellen, daß die erste von jemandem gegeben worden ist, den die échoppe offenbar nicht unmittelbar betrifft – die Befragte bewohnt ein Haus in einem Garten und ihr Traum wäre eine Kartause –, während die Definition nach der inneren Aufteilung von einer Frau stammt, die mit der échoppe eng verbunden ist: »Meine Eltern haben immer eine échoppe gehabt ... Vielleicht möchte ich deshalb einen Mittelgang haben ... «. Heißt es die Interpretation zu weit treiben, wenn man in den syntaktischen Formen, die bei den Definitionen gebraucht werden, die folgende Nuance feststellt: Die Definition des Hauses nach dem Äußeren ist objektiv und unbeteiligt: »*Eine* échoppe ... ist«, während die Definition nach der inneren Aufteilung eine innere Beteiligung verrät: »*Die* échoppe ist ... «? Auf jeden Fall ist dieser Dualismus zwischen der Beurteilung nach dem Äußeren und der nach dem Innern vielfach aufgetreten. Wir sind ihm schon begegnet:

M-3 Von 10 Leuten, die gesagt haben: »Da ist es nicht schön«, waren mindestens neun noch nie da gewesen.

Und die Frau des Befragten fährt fort:

– Ich war beeindruckt von diesem Urteil ... und dann, sobald wir eingezogen waren ...
– ... äußerlich gefiel mir das nicht sehr, und als ich es dann einmal von innen besichtigt hatte, wirklich, war ich (...) begeistert ...
M-3 ... als ich hier reingekommen bin, war ich gleich in meinem Haus ... ganz selbstverständlich und normal, nicht wahr (...), obwohl, ... das Äußere sah gar nicht so aus ...

Im ganzen gesehen wird die negative Beurteilung des Äußeren zu einer günstigen Beurteilung des Inneren:

F-3 Die Leute, die gucken kommen, sagen: Niemals hätte ich gedacht, daß das innen so gut ist. Mit dieser Treppe könnte man meinen, man wäre auf einem Schiff. Angenehm! – Man muß reingehen; von außen ist es nicht das gleiche.
M-2 Von außen ... ich kann Ihnen sagen, die Leute waren schockiert von dieser Bauweise ... Ich war nicht schockiert, aber ... Wenn man einmal reingeht, ist man wirklich *ver-*

blüfft von dem Komfort, den man vorfindet ... Damals, 1930, hatten kaum die Bürgerhäuser solchen Komfort! ...

Eine Ausnahme jedoch:

F-15 Innen ist es ganz anders, als man erwartet. Das Äußere und das Innere passen nicht zusammen. Äußerlich wirken sie gut, besonders dieses Haus sieht sehr gut aus. Aber drinnen lebt man nicht gut (ich meine zwei Personen, wie mein Mann und ich) ...

Dann, nach einer Beschreibung aller Umbauten, die im Inneren möglich sind:
... ...
- Also, wenn das gemacht wäre, dann würde meiner Meinung nach *das Äußere anfangen, dem Inneren zu gleichen* ...

Im übrigen stellt man bei der gleichen Befragten fest – die in bezug auf die *Gesamtheit* der anderen befragten Einwohner eine völlig gegensätzliche Position einnimmt –, daß ihre eigene Haltung sich ins Gegenteil verkehrt, wenn es um das *Viertel* geht:

F-15 Viele Leute sind entsetzt, wenn sie dieses *Viertel* sehen ... Der erste Eindruck ist: das ist scheußlich! ... Diese Wände, die in allen möglichen Farben gestrichen sind, das ist sehr häßlich, um die Wahrheit zu sagen, *dagegen aber* ... *wenn man da wohnt*, dann hat man immerhin einen gewissen persönlichen Bereich, die Leute beobachten einen nicht, sie sehen nicht alles, was man tut und läßt, weil die Häuser abgeschlossen sind gegeneinander, obwohl sie aneinandergrenzen: Der eine Garten ist vorne, der andere hinten ...

Genau dieser Zusammenhang zwischen außen und innen kann uns in gewisser Weise zu dem Übergang zwischen Architektur und Stadtplanung, zwischen Haus und Viertel hinführen. Wir werden später noch den Zustand des Viertels und die diesbezüglichen Beobachtungen untersuchen. Aber im Augenblick scheint es wichtiger, die Parallele zwischen den beiden Abschnitten des gleichen Interviews, das oben zitiert wurde, aufzuzeigen, von denen sich der eine auf das Haus, der andere auf das Viertel bezieht.
In beiden Fällen existiert:
1. *Zuerst* ein äußerer *Eindruck*, der »wirkt« oder nicht wirkt (bunte Mauern in allen Farben) und der einem künstlerischen Urteil entspricht – im wörtlichen und im übertragenen Sinne.

2. *Und dann* ein Urteil über das ständige Leben in dem Viertel oder in dem Haus: »Wenn man dort wohnt«, »lebt man dort gut« oder »lebt man dort schlecht«. Für einiges kann ein objektives Urteil nur von Außenstehenden abgegeben werden:

M-17 Wenn Sie irgendwohin kommen, und Sie sehen etwas, was schlecht gemacht ist, dann sehen Sie es beim Reinkommen ... Am ersten Tag sehen Sie es ... aber später, wenn Sie sich dran gewöhnt haben, achten Sie nicht mehr darauf. Was Sie am ersten Tag nicht gesehen haben, das ist gelaufen, das sehen Sie überhaupt nicht mehr! ...

EXT.
F-35 Ich kann mir kein Urteil erlauben, weil ich dort wohne.

Auf jeden Fall betrifft das ästhetische Urteil das Äußere:

M-20 Vom Ästhetischen her ... gefiel mir das nicht, vor allem nicht das Äußere ... aber ich habe sofort die Möglichkeiten gesehen, die sich dort für mich ergaben ...

Derselbe Dualismus ergibt sich zwischen dem äußeren Anblick des Viertels, im Gesamten gesehen, und der soziologischen Realität, die er überdeckt:

M-19 Äußerlich wirkt dieses Viertel wie ein Elendsquartier ... Vom soziologischen Standpunkt aus gesehen ist es aber kein Elendsquartier.

Deshalb ist man erstaunt, daß bei einer Sozialhelferin der ästhetische Aspekt überwiegt:

F-20 Wenn man sie als »historische Denkmäler« klassifizierte (d. h. unter Denkmalschutz stellte, d. Übers.) würde ich lachen! ... Für mich sind historische Denkmäler einmal viel älter ... und zum anderen viel ästhetischer ... es wäre eine Beleidigung für Versailles! ... das hier ist nicht repräsentabel ...
... ...

Und dennoch hat diese Sozialhelferin einige soziologische Qualitäten genau erkannt, doch könnte man meinen, daß sie nicht das Verdienst des Architekten seien:
... ...

– Sie können feststellen, daß man sich hier nicht gegenseitig stört, die Familien wohnen nebeneinander und nicht übereinander (die Interviewte wohnt in einem Doppelhaus) ... Als Sozialhelferin weiß ich sehr genau, was in diesen Gebäuden, wie Sie sie dort drüben erkennen, vor sich geht! (Sozialer Wohnungsbau von 100 m Länge und mit einem Dutzend Etagen, siehe Foto 45). Eine streitsüchtige Person genügt, um ein ganzes Treppenhaus zu vergiften, von da her gesehen, fühlt man sich hier wohl ... aber ehrlich gesagt ... sagen Sie ehrlich, finden Sie diese Häuser gut? ...

Die Vorstellung der Befragten vom Architekten

Mit dem letzten Absatz wird die Vorstellung, die man sich vom Architekten macht, berührt. Als historisches Denkmal gilt hier offensichtlich Versailles, d. h. die Architektur mit einem großen »A«, und hier also hat der Architekt Verdienste. Daß im übrigen das Leben in dem Viertel angenehm ist, das passiert scheinbar unabhängig vom Architekten, das ist ganz einfach so, das fällt nicht in sein Fach. Mit dem einzelnen Haus ist es dasselbe:

F-20 Ich muß anerkennen, daß er Licht in das Haus gebracht hat ...

Eine stereotype Formel, die deutlich die Unpersönlichkeit des Urteils zeigt; dieser Gedanke konnte ausgesprochen werden, weil man oft gehört hatte, daß Le Corbusier Licht in das Haus eindringen ließe ... Aber eigentlich ist der Architekt nur für den Stil, für den ästhetischen Aspekt wirklich verantwortlich. Wichtig ist nicht sosehr, was er macht, als die Art, wie er es macht. Weil nämlich der Architekt auf jeden Fall den Anordnungen des Auftraggebers nachkommen muß, der ihm seinen Entwurf diktiert:

EXT.
JM-35 Natürlich sehe ich mein Haus vor mir (das Haus, von dem ich träume) ... ich bin sogar schon daran vorbeigegangen (...) Man kommt mit einer Idee zum Architekten! ... Jedenfalls hat man in den Zeitschriften Sachen gesehen, die einem gefallen ... So viele Fragen kommen da ins Spiel ... Natürlich, wenn der Architekt mir Beispiele zeigt, werde ich überlegen ... aber schließlich, im Prinzip hat man seine eigene Idee, und man möchte gerne, daß sie verwirklicht wird ...

Wir haben sogar diesen Lapsus gefunden, der uns bezeichnend zu sein scheint:

EXT.
F-35 *Wenn man dem Architekten seine Pläne bringt* ...

Wörtlich genommen, würde das bedeuten, daß die Pläne schon fertig sind, wenn man zum Architekten geht. Aber es ist in der Tat ein Lapsus, denn die Pläne müssen trotzdem noch gezeichnet werden, und das ist die Aufgabe des Architekten:

V Aber wer ist das denn, *der Architekt?*
EXT.
F-35 Na! Das ist doch derjenige, der zeichnet. ... Nicht wahr?
– ... Zeichnet er denn nicht, der Architekt? ... Doch! ... Zeichnet er? ... Er kann doch zeichnen, nicht? ...

Die Pläne sind fertig, sie müssen nur noch gezeichnet werden, und dafür ist der Architekt da, »er kann zeichnen«, er zeichnet, was man ihm bringt. Aber immerhin:

– Ich glaube, wenn man seine Pläne dem Architekten bringt, neigt man trotzdem dazu, ihm zuzuhören ...
EXT.
F-33 Natürlich, wenn jemand sich da auskennt ...
V Wenn jemand sich da auskennt? ...
– Ja! Na eben ... ein Architekt ... o ja, natürlich, wir hätten das von einem Architekten machen lassen können, dann wäre es sicher besser gemacht worden ... **aber die Pläne, nein!**... die Pläne nicht, weil die Pläne, die hat mein Mann entworfen, sehr gut entworfen, aber die Zimmer hochziehen, das kann er nicht ... das hat er nur aus finanziellen Gründen gemacht ...
V Der Architekt hat also technische Kenntnisse? ...
– O ja, ich glaube doch, immerhin ...
V Aber der Entwurf?
– Mit dem Entwurf, da ist mein Mann ganz alleine zurecht gekommen ... übrigens sind die Pläne bewilligt worden! ... jetzt ... ich glaube, daß nicht jeder das kann ...

Es kommt sogar vor, daß man die Aufgabe des Architekten überhaupt nicht kennt:

V Le Corbusier hat Ihr Haus gebaut?
M-8 Ja, ja, er hat es vom Architekten bauen lassen, aber er hat die Idee gehabt! Der Arme, wenn er alles alleine gemacht hätte! ... aber es stammt eigentlich von *ihm,* nicht wahr!

Le Corbusier, sein Stil und der »Stil«

Der Architekt, das ist hier Le Corbusier. Wir haben schon gezeigt, welche Bedeutung seiner Persönlichkeit in unserer Studie zukommen kann. Dennoch kann man an der Bedeutung, die ihm zugemessen wird, einige Vorstellungen ablesen, die man sich von dem Architekten im allgemeinen und von Begriffen wie »der Stil« und »die Moderne« macht – Begriffe, die übrigens von selbst aufgetaucht sind. Andererseits kann man Reaktionen speziell auf die Architektur Le Corbusiers erkennen. Zitieren wir zunächst noch einmal das gleiche Interview:

M-7 *Man muß anerkennen*, daß man seine Konzeption überall wiederfindet! ... niedrige Decken, Terrassen, kleine Küchen! Ehrlich, für mich, im Augenblick, ist das gut, nicht wahr! ... *und außerdem* ist es stabil, glauben Sie mir (man spürt hier, daß der Interviewte eine gewisse Ersatzbefriedigung in der Solidität findet) (...) ... Ich habe gemerkt, daß man da drüben an der Straße nach Arcachon Wohnblocks gebaut hat, und das ist der gleiche Stil wie hier! ... (...) ... er wollte Agadir wieder aufbauen ... Natürlich immer in seinem Stil ... der damals vielleicht etwas zu persönlich war, aber den man heute wieder aufgreift, wie ich sehe ... Auf der Straße nach Arcachon hat man vor fünf Jahren eine Siedlung gebaut, und das ist der gleiche Stil wie hier, genau der gleiche Stil, und im Grunde ... ist es ein Stil, der sicherlich vielen anderen überlegen ist ...

Noch mehr als die Qualität des Stils zählt im Grunde die Tatsache, daß es überhaupt einen Stil gibt:

V Gibt es einen Stil?
EXT.
F-35 Ja! Natürlich! Aber es ist schwierig ihn zu charakterisieren, weil ... *ich bin kein Spezialist*, und außerdem ... Aber natürlich gibt es einen Stil! Zunächst zeichnet sich der Stil bei einem Vergleich mit den anderen Häusern nebenan ab.
V Und wodurch ist er gekennzeichnet?
– Durch die Mauern ... die haben etwas Strenges, Akkurates ... das ist *kubisch*! Man kann über diese Siedlung eigentlich kein Urteil abgeben, weil sie so heruntergekommen ist inzwischen; ich finde, *wenn das noch hinzukommt*, das geht nicht ... aber streng wie es ist, das könnte mir vielleicht schon gefallen ... aber vielleicht hätte ich es lieber als Einzelhaus ...

M-7 *Natürlich, auf den Stil achtet man nicht täglich* ... Wenn Sie öfter in eine herrliche Gegend kommen, gewöhnen Sie sich daran! ... ...

In den letzten Worten ist die äußerliche momentane Beziehung zwischen Architektur, Stil, Ästhetik und Urteil sehr deutlich ablesbar.

S Was ist das für ein Stil?
M-7 Nun ... flache Dächer, Terrasse, quadratisches Haus im »spanischen« Stil (eine neue geographische Bestimmung)... Wenn ich es noch einmal zu tun hätte, würde ich es wieder so machen, ganz genauso ... Sehen Sie! Ich glaube, daß man nicht das Recht hat, etwas zu verändern, aber ... Weil, wenn ich den Stil des Daches ändere, verändere ich im Grunde den Stil des Hauses ... Wenn man sich die quadratische Bauweise ansieht, wenn man da z.B. ein Dach draufsetzt, dann verändern Sie den Charakter des ganzen Hauses ...
S Man bewahrt also den Charakter des Hauses ...
– Man respektiert den Charakter, weil derjenige, der die Idee gehabt hat ... der hat sicher recht gehabt ... *Es gibt Stilarten, die noch lächerlicher sind als diese hier:* Hier würde man sagen, daß es ein arabischer Stil ist ... aber bei einem H.L.M.-Haus (sozialer Wohnungsbau, d. Ü.) sagt man, daß es aussieht wie eine Kaserne ...

Sozialer Wohnungsbau oder nicht, der neue Stil wird nach seiner Ähnlichkeit mit vorhandenen und bekannten Stilarten beurteilt.

F-15 Dieser Kubus ist vielleicht sehr gut, aber im Gebrauch gibt es Schwierigkeiten ... das Gebäude steht nicht geschützt ... es ist ein Kubus, und daher ist es dem Wind ausgesetzt ...
S Es ist nüchtern ...
– Ja! Es ist ... Es gibt keine Zartheit in der Bauweise des Hauses ... Es ist wirklich ein Kubus ... so streng und eckig und häßlich wie es ist ... Es ist sehr sauber! sehr ordentlich, es ist sehr sauber, das kann man sehr gut zeichnen, aber ... und dann! *Vom architektonischen Standpunkt aus gesehen, hat es auch einen sehr großen Nachteil*, nämlich, daß es ein Kubus ist ... z. B. das hier (das Fenster) wird im Regen ganz unter Wasser gesetzt, es ist durch nichts geschützt, nicht mal durch einen kleinen Fachüberstand über dem Fenster, man hat nicht mal daran gedacht, einen kleinen Betonvorsprung anzubringen, was sehr gut gewesen wäre, weil das Wasser dann ein klein bißchen weiter wegspritzen würde, während es jetzt einfach so

runterläuft, das gibt eine ständige Erosion, und deshalb sind die Häuser verkommen: durch das Wasser ... sie stehen im vollen Wind ... richtig *vierschrötig!*

Es scheint so, daß hier Le Corbusiers Wille zur Plastik völlig begriffen worden ist, daß er aber zu einem Funktionsfehler umgedeutet wurde.

M-8   Jetzt, wo er tot ist, finden sie, daß er doch nicht so dumm war! ... (...) ... Das ist ein bißchen wie bei Jules Verne ... (...) ... das ist schon immer so gewesen! ... die Leute, die weiter waren als die anderen ... (...) ... wenn Sie plötzlich den Einfall haben, Häuser zu bauen, wie sie noch niemand gemacht hat, dann hält man Sie für verrückt, auf jeden Fall ... und erst *nachher* ... wenn Sie tot sind, findet man, daß Sie trotzdem ... aber wenn Sie nicht tot sind, nicht wahr! ... dann werden Ihre Sachen nicht mal ausgestellt ...

V   Ist das in der Architektur genauso wie in der Malerei? ...
–   Ja, ja! Man muß einen Stil finden! ... in dem Moment, wo einer seinen Stil gefunden hat ... dann kann man Häuser bauen, wie man will ... aber es muß immerhin eine Grundlage dasein ...
    (...)
V   In der Architektur und in der Malerei ist es das gleiche ...
–   Die Architektur ist nicht das gleiche ... sie ist bestimmter ... es ist schon eine Grundlage da ... aber in der Malerei, wenn einer ein modernes Bild malen will, sieht niemand, daß es ein Boot sein soll ... Aber wenn Sie ein ... abstraktes Haus bauen wollten ... wenn Sie eine Tür aufs Dach setzten ... ich weiß nicht, wie ich Ihnen das sagen soll ... eine Tür ist dazu da, daß man hereinkommt, und wenn Sie sie aufs Dach tun ...
V   Trotzdem, als dieses Haus gebaut worden ist, haben die Leute ungefähr so reagiert ...
–   Ja, ja! Sie haben sich gefragt, ob er verrückt wäre ...
V   Verstehen Sie das? ...
–   Ja, ich kann das verstehen, weil dieser Mann seiner Zeit sehr weit voraus war ...
V   Die Leute hatten ein bißchen den Eindruck, daß er Türen aufs Dach setzt, im ganzen gesehen ... für sie war das ein bißchen das gleiche wie Picasso ...
–   O ja, ja! ... das war die gleiche Art, sie sagten: »Der ist ja total verrückt, ... den Kamin mitten ins Eßzimmer zu setzen ..., sie sagten: »Es ist soweit, er schnappt über!« ...

	aber ich finde, daß (...) Ich finde es ziemlich intelligent, daß Le Corbusier solche Häuser gebaut hat ... (...)
V	Und »der Stil«, was ist das?
–	Nun ... etwa das ... was noch *niemand* vorher entdeckt hat ... vor ihm ... es ist seine eigene Entdeckung ... Le Corbusier hatte seine eigene Art Häuser zu bauen ...
V	Was wäre das zum Beispiel?
–	Zuerst einmal ... er hat sie kubisch entworfen ... Ich weiß nicht, wie ich Ihnen das sagen soll ... (...) ... sehen Sie, wenn man immerzu was erfindet, fällt einem schließlich nichts mehr ein, aber dann ... das ist nur eine Erneuerung ... aber man muß etwas gänzlich Neues finden ... In dem Moment, wo Sie etwas Neues gefunden haben, sind Sie ein gemachter Mann, dann haben Sie ein Renommee ... Das ist ungefähr so wie mit der modernen Musik, der »Jerk« jetzt und das alles; Sie werden mir sagen: »Das ist doch nichts ...« Gut! ... Im Vergleich zu den Leuten, die jetzt alt sind! also, da finde ich das normal! Aber wenn Sie eine Polka spielen, bevor das bekannt ist! Dann sagt man auch: »Der spinnt«, oder »Diese Generation ist völlig verrückt«. Das ist das gleiche ... Sehen Sie, heute geht das ein bißchen schnell ...
V	Was? ...
–	Die Zeit ... alles! Man erfindet zu vieles auf einmal heute ...

Von daher kommt das Gespräch schließlich auf die Konzeption des »Modernen«.

–	Sehen Sie, das ist modern ... diese Vasen dort!
V	Aber warum ist das modern?
–	Weil sie eben keine Form haben! ... Sehen Sie, ich weiß nicht, aber ... sie haben keine Form, diese Kerzenhalter, die sehen aus ... wie Stücke, die man zerbrochen hat oder die man mit dem Hammer bearbeitet hat, und dann mit einer Schere, und dann ... hat man sie etwas zerschnitten ... so auf gut Glück ... es ist so gekommen, ... und dann haben sie einen Kerzenständer draus gemacht ...
V	Aber trotzdem, das ist doch nicht kubisch? ...
–	Es ist eben modern ... in dem Augenblick, wo ... Das Buffet dort ist klassisch, es ist natürlich nicht alt, weil die alten geschnitzt sind usw. ... aber es ist klassisch, weil es nichts Besonderes hat ... Die Vase da oben wäre klassisch: ich stelle mir eine Vase vor als einen konischen Körper mit einem Fuß! ... Während die da Hörner hat, sie ist in sich gedreht, und sehen Sie, sofort ist es modern ...

Aber »modern« hat zweifellos nicht für jede Generation die gleiche Bedeutung. Die Jungen schreiben ihm, wie wir gesehen haben, etwas ausgeprägt Barockes zu. Für die Generation der Erwachsenen liegen die positiven Werte des Modernen in erstaunlicher Nähe der Eigenschaften, die Le Corbusier seinerzeit definiert hat, wie zum Beispiel die Klarheit der Maschine:

M-19 Was mir an den meisten modernen Bauten gefällt – von Ausnahmen abgesehen – was mir gefällt, ist, daß sie neu, sauber und klar aussehen, wenn Sie so wollen ... Also, das ist der große Vorteil des Modernen... Aber gealterte, beschädigte moderne Bauten ... die finde ich absolut entsetzlich, schrecklich ... weil alles, was sie attraktiv gemacht hat, verschwunden ist, es bleibt wirklich nichts übrig, als das Abstoßende im Reinzustand ... während Häuser in einem anderen Stil, die alten Steinhäuser usw. ..., die können ruhig altern, da hat das überhaupt keine Bedeutung ... während dies hier nicht altern kann, es sei denn, es würde tadellos unterhalten ... ich erwarte vom Modernen, daß es sauber ist, glatt, untadelig, ... wenn es nicht untadelig ist, lohnt es die Mühe nicht...

Das vergängliche Bild von Pessac

Diese Vorstellung von dem »gealterten Modernen« haben wir auch woanders wiedergefunden. Unserer Meinung nach erhellt sie gründlich die Position, die Pessac in der Zeit einnimmt. Sie bestimmt den zeitlichen Faktor, der dazu beiträgt, das Bild des Viertels zu formen. Aus ihr geht hervor, daß die Architektur von Pessac nicht von Dauer ist:

F-15 Ich mag die alten Sachen lieber, aber das Modernistische mag ich auch ganz gerne ... (Man findet übrigens in diesem Interview später eine Synthese von alt und »modernistisch«, in der Vorstellung von einem alten Spind, der als Besenschrank benutzt wird.) In der modernen Art werden sehr schöne Sachen gemacht... Also natürlich, wir machen einen Unterschied zwischen dem alten Modernen und dem gegenwärtigen Modernen, das wir besser finden, vielleicht weil es neu ist, aber vielleicht auch, weil Untersuchungen gemacht worden sind... Es sind Erfahrungen gesammelt worden... Man hat Fehler gemacht und sie verbessert... Es ist gesagt worden: »Gut! ... Wir haben das gemacht... schön! ... aber letzten Endes war's nicht so besonders«, oder: »das war störend«, oder:

»Das war sperrig und unnütz.« Also wird man es ändern, man wird etwas anderes dafür machen...

Die Architektur von Pessac ist also alte Moderne. Und als solche erbringt sie weder den Lebensbeweis des Alten, noch enthält sie die Erfahrungen, die im »gegenwärtigen Modernen« verarbeitet werden. Man ist versucht, hier die Formel von Gaston Bachelard zu zitieren: »Der Raum enthält komprimierte Zeit, dazu dient der Raum.« Und genau in dieser Weise dient der Raum von Pessac zu nichts, die Architektur enthält dort keine Zeit. Einen Ausgleich jedoch gibt es dafür – und als solcher ist er in den Interviews auch immer aufgetaucht –, das ist die Solidität, die es den Bauten erlaubt, in der Zeit fortzubestehen und physisch im Raum zu existieren. Da es keine zeitliche Sicherheit gibt, findet man die Sicherheit in der Materie:

F-15 Hier ist die Konstruktion sehr solide, viel solider als manche dieser sehr modernen Konstruktionen, die einem sehr sehr sehr leicht vorkommen! ... Während man hier den Eindruck von Masse hat ... zuerst einmal ist es kubisch ... also hat man den Eindruck von Masse...

M-3 Uns gefällt es hier ... am Anfang sind wir stark kritisiert worden, aber das war nur, weil sie die Häuser nicht kannten! Sehen Sie, wir sind bombardiert worden, und die Häuser haben das ausgehalten... das wäre wie bei denen gegenüber gewesen! ... wir haben fünf Bomben gehabt in dieser Gegend ... da sieht man, daß sie solide sind! ...

V Wie finden Sie dieses Haus denn? ...

M-1 Ich finde ... wie soll ich sagen ... daß es ein ... solides Haus ist ... Hier gibt es keine Risse wie in den neuen Häusern, die jetzt gebaut werden...

M-2 Und von der Konstruktion her gesehen ... *ist das hier nicht schlecht!* Ja! Es ist solide... Ich kann Ihnen sagen, wie solide diese Häuser sind: Eine Bombe hat das Haus dort unten zerstört, die Terrasse ist heruntergekommen, aber sie ist nicht kaputtgegangen, und das Treppenhaus ist stehengeblieben. Daran sehen Sie ... hm, *daß das solide ist!* Das ist solide! Ich habe versucht Mauerstücke herauszunehmen, um die Terrasse zu machen, ... ja also, ich sage Ihnen ..., ich habe Eisen gefunden! ... Da ist eine Menge von drin! ... Und wenn man sagt, das ist armierter Beton, also ... glauben Sie mir, der ist armiert! ... Bevor das einstürzt, nicht, sind alle Häuser schon eingestürzt, und meines steht noch ... Ganz sicher!

> »*Es ist verblüffend, was sie alles getan haben...*«
> *Le Corbusier*

8 Die Interviews:
Konfrontation mit der architektonischen Konzeption

Die Normung

Nach eigener Aussage von Le Corbusier ist die Normung der wesentlichste Gesichtspunkt in der Konzeption für das QMF. Ganz unerwartetermaßen kam jedoch die Gleichartigkeit der Häuser im Laufe der Interviews kaum zur Sprache. Schon Doktor M., Stadtrat zur Zeit der Erbauung, und Herr Vrinat, der Baustellenleiter, haben uns erläutert, daß die Gleichartigkeit der Häuser nicht schlecht aufgenommen worden ist und nicht die Ursache für die ablehnende Haltung der Einwohner war. Die Normung wurde nicht kritisiert. Im Hinblick auf den Streit, der in Architektenkreisen über den Gegensatz zwischen Normung und Persönlichkeit ausgetragen wurde und noch ausgetragen wird, erschien uns diese Mitteilung nicht uninteressant. Wir werden auf die erstaunliche Synthese noch zurückkommen, die man in der »Personalisierung« für dieses Problem gefunden hat. Im Laufe der Interviews hat nur ein junger Mann von 18 Jahren dieses Thema ausführlich behandelt. Aber diese Tatsache erklärt sich vollständig durch die Existenz eines Nachbarn, der gewissermaßen als Spezialist für Le Corbusier bekannt und geachtet ist. Er ist derjenige, der weiß und erklärt, wie und warum Le Corbusier seine Bauten entworfen hat*.

---

* Als Tierbildhauer, und da er Le Corbusier bei einem seiner vorangehenden Besuche begleitet hat, ist Herr B. ein »Kenner«. »Gehen Sie doch

M-8 Die Häuser bestehen aus den gleichen Einzelteilen, aber keines ist wie das andere angelegt (...) ... Das verstehe ich nicht. Keine zwei Häuser sind gleich. Bestimmt, so ist es besser ... so bemerkt man sie, weil kein einziges wie das andere ist... Es gibt kein Haus, das wie das andere ist, dadurch bemerkt man sie alle. Wenn sie aber alle gleich sind, bemerkt man sie nicht...
Hier ... das ist eine Siedlung ... dabei sind keine zwei Häuser gleich: Sie haben ihren Garten; es gibt kein Haus, das wie das andere angelegt ist ... Ich muß noch mal sagen, daß er kein Haus wie das andere gemacht hat... Das war seine Idee. (Hier findet man den Beweis für die Belehrung durch Herrn B.) Dennoch ist es eine Siedlung, weil die Häuser sich ähnlich sind, und ... trotzdem nicht gleich: Es ist eine Siedlung, weil sie sich alle ähnlich sind. Ich nehme an, daß man das eine Siedlung nennt.

S Dies ist gleichzeitig Villa, Einfamilienhaus und Siedlung.
— Ja, es ist alles, nicht wahr! Das ist ja gerade das Gute daran. Ich finde, daß es nicht gut ist, im gleichen Haus wie der Nachbar zu wohnen. Sehen Sie dies Haus da, *das ist nicht gleich, man denkt, man hat was Besseres, nicht wahr!* Der Nachbar denkt, er hat was Besseres als der da, und so geht es weiter. So kommt es, daß jeder sein Haus besser findet... Zum Beispiel haben wir am Vormittag eine bessere Lage als die, aber dafür haben die dann nachher eine bessere Lage, das gleicht sich also aus. ... Ich weiß nicht, wie ich Ihnen das sagen soll, die Häuser sind gleich, außer daß drei Zimmer eine verschiedene Lage haben. Zum Beispiel bei meinem Freund: Sehen Sie, hier ist das Eßzimmer ... und bei ihm ist da die Küche, ein Eßzimmer haben die nicht. Anstelle des Eßzimmers haben die entweder ein Schlafzimmer oder einen Eingangsflur, wie wir ihn haben, d. h., die Zimmer sind ausgetauscht. Und dann oben ... anstelle eines Schlafzimmers wie bei uns ... ist dort ein Büro ... Das ist in allen Häusern

einmal zu Herrn B., ... er wird Ihnen alles erklären, wie wir es natürlich nicht können. Er kennt sich da aus; er gehört eigentlich ein bißchen dazu.«
Unter dem Einfluß dieses Nachbarn haben die Eltern des jungen Mannes auch eine Zwischenwand entfernen lassen, die ihre Vorgänger hatten ziehen lassen. Ihr Nachbar hatte ihnen, wie uns, erklärt:
»Hier haben Sie Le Corbusiers System der Innenaufteilung: Sehen Sie diese Raumfolge mit der Treppe; wenn man eine Zwischenwand setzt, zerstört man sie.«
Die Rolle desjenigen, der die Ideen Le Corbusiers verbreitet, sollte nicht zu gering eingeschätzt werden im Leben des Viertels.

> so ... Ich weiß nicht, warum er das so gemacht hat, ... sicherlich, weil er etwas vorausgesehen hat, ich weiß nicht, was ... man wird schon sehen ... wie's weitergeht, vielleicht... Er muß etwas vorausgesehen haben...
> (...)
> *Ich mag keine Häuser, die sich gleichen* ... dennoch, sie gleichen sich, aber sie sind nicht ganz gleich ... Das ist ... das ist gut gemacht: Diese hier (es handelt sich um die Reihenhäuser), die sind sich fast gleich; das mag ich nicht ... Aber hier z. B. haben Sie kein Haus, das wie das andere angelegt ist, hier sind sie nicht gleich; das ist gut. Sie haben das gleiche Haus wie die anderen, aber es ist nicht dasselbe ... Die anderen sind alle gleich: Alle Terrassen liegen nach der gleichen Seite, während hier eine Terrasse nach dorthin geöffnet ist und die andere nach der entgegengesetzten Seite. Dieses Haus im Vergleich mit unserem, da haben wir hier die Terrasse auf der Seite, und bei ihnen liegt sie in der anderen Richtung, dort...

Es ist bemerkenswert, daß die Normung in den anderen Unterhaltungen niemals unter dem Gesichtspunkt der Persönlichkeit auftaucht. Nur dieser Befragte zeigt Interesse für die Möglichkeit, die das Haus von Le Corbusier bietet, es persönlicher zu gestalten – ebenso wie er an seinem »Einzelstück« Verschönerungen anbringt (s. Foto 56), ein Anzeichen dafür, daß das für ihn eine absolute Notwendigkeit ist. Woanders wird das Problem, daß die Persönlichkeit sich in der Architektur ausdrücken muß, niemals erwähnt, und es ist ein rein funktionaler Aspekt (das Bewußtsein der Abgeschlossenheit), der bei der Verschiedenartigkeit der Anordnung der Häuser – das berühmte Lottospiel Le Corbusiers – gewürdigt wird.

F-3 Die wechselseitige Anordnung der Häuser, das eine andersrum als das andere, das finde ich sehr gut, weil man sich unter Nachbarn überhaupt nicht stört; wenn ich hinten in meiner Küche bin, ist meine Nachbarin dort in ihrer Küche ... Ich gehe hinten raus, um meinen Mülleimer auszuleeren und all das, und sie ... sie geht vorne raus ... im Grunde braucht man sich den ganzen Tag lang nicht zu sehen ... obwohl ein Haus an das andere angebaut ist, hat man das Gefühl, für sich zu sein...

F-10 ... Wenn ich im Eßzimmer bin und Besuch bekomme, hört man unsere Stimmen hauptsächlich im Garten, und wenn diese Dame Besuch hat, hört man die Geräusche eher auf der Straße...

Sicherlich kann man daraus, daß in den Unterhaltungen Hinweise auf die Ähnlichkeit der Häuser und auf ihr gleichartiges Aussehen fehlen, nicht den Schluß ziehen, daß dieser Faktor keinerlei Einfluß auf die Bewohner hat. Aber wir stellen fest – und werden das später noch präzisieren – daß die erste Reaktion auf die von den Einwohnern vorgenommenen Veränderungen (nämlich anzunehmen, daß diese eine unpersönliche Architektur hätten, persönlicher gestalten wollen) vielleicht allzu simpel ist und daß sie, auch wenn sie nicht falsch ist, doch Anlaß zum Nachdenken geben sollte.

Die »Wohnmaschine«, Funktionalismus und Rationalismus. Diskrepanz zwischen Denken und Handeln beim Architekten und bei den Einwohnern

Kommen wir auf zwei Interview-Passagen zurück, die sich auf die »Moderne« und den »Modernismus« beziehen. In dem einen wird der »Modernismus« – so lautet die unzutreffende Bezeichnung, die hier verwandt wird – als das Abschaffen von allem, was »störend«, »sperrig« und »unnütz« ist, empfunden. In anderen Passagen desselben Interviews tauchen Begriffe wie »unlogisch«, »unrationell« und »nicht funktionell« auf, mit denen die hier untersuchten Häuser bezeichnet werden. Was man von der Moderne erwartet und was diese Interviewpartnerin in Pessac vermißt, das sind hauptsächlich Funktionalismus und Rationalismus, die Le Corbusier ja selbst gefordert hat. Von alten Dingen erwartet man etwas anderes, und diese gleiche Interviewpartnerin scheint uns eine Synthese von alt und modern zu schaffen, wenn sie von ihrem Vorhaben spricht, »einen alten Spind als Besenschrank zu benutzen«. Wandschränke »wie man sie heute macht«, vermißt diese Einwohnerin sehr. Die funktionale Rolle des Modernen wird hier deutlich ausgesprochen. Die Verkündigung der Rationalität in der Architektur durch Le Corbusier scheint auf fruchtbaren Boden gefallen zu sein – nicht so aber seine Architektur! In dem oben zitierten Artikel von Le Corbusier kann man im Anschluß an die zitierten Passagen lesen: »Aus dieser Konzeption ergibt sich, daß man zunächst versuchen muß, alles zu vermeiden, was unnütz und sperrig ist und unsere Bewegungen hindert, was den Unterhalt der Häuser kompliziert und unnötig unser Geld festlegt, usw...« Im Zusammenhang gesehen, werden hier dieselben Begriffe gebraucht, die in dem Interview zur Bezeichnung der Mängel an den Häusern von Le Corbusier benutzt werden.
Bezeichnen nicht auch die Wörter »Klarheit«, »Sauberkeit« und »untadeliges Aussehen« – die den äußeren Anblick wiedergeben,

während die eben genannten Begriffe funktionale Eigenschaften beschreiben –, bezeichnen diese Worte nicht die hauptsächlichen ästhetischen Attribute der Maschine, so wie Le Corbusier sie definiert? ». . . Eine Schönheit, die auf der Reinheit der Formen und auf der Strenge der Ausführung beruht. Die Maschinen ersetzen die Handarbeit; die Kugeln sind glatt, regelmäßig und vollkommen; die Zylinder haben die Absolutheit einer Theorie: Ohne sich darüber zu verwundern, stellt die Maschine die exaktesten Oberflächen her . . .« Aber gerade die Ausführung ist, wie in vielen Bauten Le Corbusiers, weit davon entfernt, exakt zu sein. »Die Mauern sind nicht winkelgerecht. . .«

Zweifellos muß man die Eigenschaften Strenge, Sauberkeit, Klarheit und Perfektion in Zusammenhang bringen mit der Reaktion dieses Einwohners auf verschiedene moderne Materialien:

M-19 Als moderne Materialien mag ich Glas, Metall, Stahl, Aluminium; Beton mag ich nicht! . . .

Läßt nicht die glatte Kugel, die Le Corbusier beschreibt, gerade an eine polierte Stahlkugel denken? Dennoch wurde Pessac in Beton gebaut, und es ist keine Übertreibung zu sagen, daß alle Bauten Le Corbusiers in Beton ausgeführt worden sind, und zwar in Beton, der meistens nach dem Ausschalen unbehandelt belassen wurde, um durch seine Rauheit und Unvollkommenheit den Bauten eine Seele zu geben. Die Diskrepanz, die sich hier zwischen der im Text ausgesprochenen Absicht Le Corbusiers und seiner wirklichen Handlung findet, zeigt sich nicht selten. Der Einwohner findet für die Forderungen, die ganz und gar den von Le Corbusier verkündeten Werten entsprechen, keine Entsprechung in der Architektur von Pessac. Hier wird tatsächlich ein Bruch zwischen der Absicht und der Handlung des Architekten aufgezeigt. In einem der vorhergehenden Kapitel haben wir bereits die Zweideutigkeit des Begriffes »Maschine« bei Le Corbusier nachgewiesen.
Merkwürdigerweise verhält es sich bei dem zitierten Interviewpartner ganz genauso: Diesen intellektuellen, offenbar von den materiellen Dingen etwas losgelösten Mann befriedigen ein 2 CV, ein schlecht eingerichtetes Haus, quer über die Straße gespannte elektrische Leitungen und eine Mauer, »die neu geweißt werden müßte« – und das, obwohl er sein Bedürfnis nach Sauberkeit und Klarheit zum Ausdruck gebracht hat. Auch hier scheint sich in den gebrauchten syntaktischen Formen ein Dualismus der Beurteilung widerzuspiegeln. Im Laufe des Interviews erschien wiederholt die folgende Redewendung:

M-19 Es gibt da zwei Ebenen ... (...) ... die erste Ebene...
... da gibt es ebenfalls zwei Ebenen...

Der hier zitierte Interviewpartner ist ein Intellektueller, der sich der zwei Ebenen des Denkens bewußt ist; aber er war nicht der einzige, der diesen Dualismus der Beurteilung bewußt zur Sprache brachte:

M-22 Was meine Frau davon hält? ... Nun ja ... also, da meine Frau *Lehrerin ist,* mache ich zwei Unterscheidungen: *als Intellektuelle,* wenn Sie so wollen, aber dieser Ausdruck ist pedantisch ... (...) ... sie schätzt ... aber weniger als ich ... sie schätzt, na ja ... *ich spreche von der Ebene des Intellekts...*
V Auf der anderen Ebene...
– Also, *auf der anderen Ebene* hat sie Le Corbusier nicht gerade in den Himmel gehoben, in den ersten zwei Jahren ... aber aus Gründen, die nicht direkt ... also die Gründe waren im wesentlichen die Heizung und die schlechte Isolierung der Fenster ... (...) ... *der Standpunkt der Mutter* ... (...) ... der Hausfrau ...

Dieser Befragte hebt hervor, daß das Haus auf zweierlei Art erlebt wird. Oder sagen wir besser, daß es einerseits dem Denken und andererseits dem täglichen Leben zugehört: Es wird einmal nach den ästhetischen Reaktionen beurteilt, und dann danach, wie es bewohnt wird. Dieser Dualismus kommt auch in dem Werbeprospekt klar zum Ausdruck, den wir schon erwähnt haben und der sich ausdrücklich an Personen wendet, *die nicht dort wohnen:*

»Es genügt, diejenigen, *die in unseren Häusern wohnen,* zu fragen, *wie sie sie finden und wie sie sich dort fühlen.*«

Wie man das Haus findet und wie man sich dort fühlt, das sind zwei verschiedene Dinge, aber um ein Urteil abgeben zu können, muß man auf jeden Fall diejenigen fragen, die in den Häusern leben.
Schließlich wirkt das Haus, als Ganzes gesehen, auf zweierlei Art: einmal existiert es objektiv als Vorstellung, und hierfür ist oft das Äußere der materielle Anlaß; und zum anderen wird es subjektiv erlebt, und dafür gibt sein Inneres den äußeren Rahmen ab.
Aufgrund dessen, was wir in den vorangehenden Kapiteln dargestellt haben, stellen wir fest, daß der Architekt in den Augen der Bewohner keineswegs zwangsläufig für beides verantwortlich ist: Man erwartet von ihm hauptsächlich die Zeichnung, die physische äußere Gestalt und das Aussehen des Hauses, d. h., die Form für einen Inhalt, über den man selbst entschieden hat.

Die Umbauten: »das Konstruktionsspiel«

Wir haben also eine gewisse Diskrepanz zwischen den Absichten des Architekten und seinen tatsächlichen Handlungen einerseits und zwischen der Meinung des Bewohners über sein Haus und seinem tatsächlichen Verhalten andererseits aufgedeckt. Diese Diskrepanz haben wir wiederholt festgestellt, und unserer Meinung nach handelt es sich um die gleiche Erscheinung, wenn die Einwohner einen Unterschied zwischen zwei möglichen Beurteilungen des Hauses machen:
»... am Anfang ... und dann später, sehen Sie ...«
»... von Außen ... im Inneren ...«
»... wenn man ankommt ... wenn man dort wohnt ...«
»... wie sie sie finden ... wie sie sich dort fühlen ...«
»... auf der Ebene des Intellekts ... auf der Ebene des täglichen Lebens ...«

Deshalb muß man sich an diesem Punkt der Untersuchung fragen, wie man einen Zugang zum Problem der *Veränderungen*, die von den Einwohnern vorgenommen wurden, finden kann – die ja gerade der Anlaß unserer Untersuchung waren –, da man es als gegebene Tatsache ansehen muß, daß diese Veränderungen der materielle Ausdruck des tatsächlichen Verhaltens der Einwohner sind.
Wir hatten uns dafür entschieden, die Einwohner zu befragen, und gerade dabei sind wir auf eine Diskrepanz zwischen den Worten und den Handlungen gestoßen. Im vierten Kapitel haben wir auch aufgezeigt, wie schwierig es war, die Gründe herauszufinden, die die Leute zu dieser oder jener Veränderung veranlaßt haben. Wie konnte man diese Schwierigkeiten bewältigen? Auch hier haben wir die Lösung darin gefunden, uns auf eine allgemeinere Ebene zu begeben und die Veränderungen im gesamten zu betrachten, anstatt sie in ihren Einzelheiten zu analysieren. Das ist das gleiche Vorgehen, das uns bei der Untersuchung des Problems der échoppe zu dem Schluß veranlaßt hat, daß das Wesentliche – das weit über das Problem der Einrichtung der échoppe hinausgeht – in der allgemeinen Tendenz der Leute liegt, ihren Wohnbauten selbst Anbauten hinzuzufügen; sie tun das in einem Ausmaß, daß diese scheinbar akzidentiellen Anbauten sozusagen zur Regel geworden sind.
Deshalb werden wir uns hier auch nicht im Detail damit beschäftigen, ob diese oder jene Veränderung vorgenommen worden ist, ob ein Flur eingerichtet worden ist oder nicht usw. ... Wir haben uns damit begnügt, eine gewisse Anzahl von Schemazeichnungen herzustellen, von denen jede eine tatsächlich vorhandene Situation wiedergibt, bei denen aber nicht das Detail der Einrichtung interessiert ist,

sondern, im ganzen genommen, die Vielfältigkeit der vorgenommenen Veränderungen.
Sicherlich ist es interessant zu wissen, daß das Vorhandensein eines Flurs wahrscheinlich eine Reminiszenz an die échoppe bedeutet. Aber wieviel wichtiger ist es zu wissen, daß die Häuser von Le Corbusier wie die échoppes – die traditionelle Wohnform in der Gegend von Bordeaux – verändert werden konnten und verändert worden sind. Im Hinblick auf einen regionalen Zusammenhang, wo man ein System von häufigen Veränderungen des Hauses und die Gewohnheit, die Landschaft mit Anbauten zu bereichern, nachweisen kann, ist die globale Realität einer allgemeinen Tendenz der Einwohner, ihre Häuser selbst auszubauen, sicherlich ein interessanteres Beobachtungsobjekt als deren nur bruchstückhaft nachweisbaren Ursachen funktionaler oder anderer Art. Das Phänomen Pessac erhält von hier aus gesehen einen ganz neuen Aspekt und einen Sinn, den die vorliegende Untersuchung erhärtet. Denn gerade hier lassen sich, im Gegensatz zu den so häufig festgestellten Widersprüchen, sowohl in den Beobachtungen wie auch in den Interviews die vielfältigen Möglichkeiten zur Veränderung nachweisen, die die architektonische Konzeption Le Corbusiers enthält. Daraus folgert, daß eine der wesentlichen Eigenschaften dieser Architektur darin besteht, daß sie diese Veränderungen ermöglicht und – mehr noch – bis zu einem gewissen Grade sogar veranlaßt hat.
Man merkt, wie wichtig es war, diesem Phänomen nachzugehen, weil sich jetzt als außerordentlich positiv erweist, was zunächst den ersten, unmittelbaren Eindruck eines Mißerfolges hervorgerufen hatte: die Veränderungen, die die Einwohner vorgenommen haben...
In diesem Punkt stimmen Zeugenaussagen und Tatsachen überein:

M-20 Ich habe dieses Haus innerhalb von fünf Minuten gekauft: äußerlich gefiel es mir nicht, aber ich habe sofort die Möglichkeiten gesehen... (...) Also, dieses ist ein Haus, in dem ich eine Menge Kombinationsmöglichkeiten hatte.

F-10 Wenn ich die Besitzerin dieses Hauses wäre, wüßte ich, daß ich vieles verändern würde und daß man einen Flur hätte machen können. Ich weiß, daß ich einen Flur über die ganze Länge des Hauses machen würde und daß ich dieses Zimmer durch eine große verglaste Türöffnung vergrößern würde, wie man es jetzt macht, damit es direkt auf den Garten hinausgeht... In diesen Häusern müßte man viele Umbauten machen... Ich glaube, so viele Häuser es gibt, so viele verschiedene Stilarten gibt es auch. Es ließe sich machen...

S   Ist es eine charakteristische Eigenart dieser Häuser, daß man sie...?

– ... verändern kann? (Man beachte die Spontaneität, die der Antwort ihr Gewicht verleiht.) Ich weiß nicht, ob Le Corbusier vor 35 Jahren daran gedacht hat, aber immerhin kann man sie sehr gut umbauen und daraus machen, was man will, nicht wahr! ... Ich habe keine Ahnung, was ... ob er daran gedacht hat, aber es steht fest, daß man daraus machen kann, was man will. ... Wenn man dieses Zimmer da teilt, gibt das zwei Schlafzimmer ... das ist ganz normal in den Entwürfen, wie man sie heute macht ... oh! Hier ließe sich einiges verändern ... Wissen Sie, mein Mann hat schon sechsunddreißig verschiedene Entwürfe gemacht.

V Hat er noch andere Veränderungen vor?

– O ja! Wir zum Beispiel, wir haben schon vier verschiedene Entwürfe (man beachte das »Wir zum Beispiel«, das betont, wie wichtig dieses Phänomen auch bei den anderen ist) ... Über dieses Zimmer können wir uns nicht einig werden ... die anderen kann man herrichten, zum Beispiel das kleine Zimmer dort hinten, das können Sie ganz wegfallen lassen. Sie vergrößern die Küche, und dann wird das ein Flur, der bis in den Salon reichen würde ... das würde aber eine große Küche ergeben ... Das ist eine Möglichkeit ... Aus dem Eingang können Sie eine Garage machen ... Wenn Sie keine Garage draus machen wollen, können Sie auch einen Abstellraum draus machen ... Sogar ein Badezimmer und das WC können Sie dort einbauen... Und da oben, meine Güte, da könnte man das Zimmer vergrößern, indem man das kleine Badezimmer dazunähme, und man würde dann da oben nur ein kleines WC einrichten, das würde dann ein ziemlich annehmbares Schlafzimmer ergeben. Bei meinen Eltern ist das übrigens so gemacht worden... Sie wohnen ebenfalls in der Siedlung.

Diese Möglichkeit, das Haus herzurichten, ist übrigens zuweilen deutlich wahrgenommen worden:

M-22 Es gibt hier immerhin eine gewisse ... Flexibilität, die es einem erlaubt, das Haus herzurichten ... neue Bedürfnisse in einem Rahmen unterzubringen, der dafür nicht unbedingt vorgesehen war...

Manchmal wird das auch deutlich ausgesprochen:

M-19 Aber das, was ich gern habe an dem Haus, wenn Sie so wollen vom architektonischen Standpunkt aus, ... von der Bequemlichkeit her gesehen (man beachte die Präzisierung, die vom Architektonischen auf das Bequeme hinführt) ... aber ich glaube nicht, daß er das so vorgesehen hat in dieser Art, weil ich den Eindruck habe, daß er doch eine eher ziemlich strenge Auffassung von diesen Dingen hatte ... er wäre sicher ziemlich entsetzt, wenn er sähe, was man aus diesen Häusern gemacht hat – übrigens zum großen Teil zu recht – aber was mir gefällt ... was mir interessant vorkommt, das ist eine anfangs geschaffene Struktur mit der Möglichkeit, wenn Sie so wollen, das Haus seinen Bewohner **anzupassen**, und nicht nur seine Bewohner an das Haus ... in diesem Sinne ... war das, was ich als Eingang benutze, früher ein leerer Raum ... das (*das Büro*) war eine Garage ... und ... da oben, gut! da war ein Wohnzimmer, das die ganze Etage einnahm ... Nun, die Einwohner haben die Möglichkeit, je nach ihren Bedürfnissen und Wünschen diese Garage in ein Zimmer umzuwandeln, dort etwas zuzumachen, um einen anderen Raum zu gewinnen, eine Trennwand vor der Treppe zu ziehen ... um ein Zimmer zu gewinnen ... tja ... das scheint mir außerordentlich interessant: Einen ... großen ... Innenraum zu schaffen, wenn Sie so wollen, ... ohne daß es von Anfang an ... einen ... tja ... F 5, wenn Sie wollen, gegeben hat ... das ermöglicht dem, der da wohnt ... den verschiedenen Generationen, ihre Veränderungen vorzunehmen ... während bei anderen Häusern ... die hat man, und dann ... muß man damit leben, nicht! Da kann man nichts verändern ... (Hier) die Häuser sind gut veränderbar ... weil, die Terrasse, gut! ... einige haben daraus ein Zimmer gemacht ... (der Befragte beginnt von neuem, die möglichen Veränderungen zu beschreiben).

M-1 Andererseits war das im Freien ... ich habe es zugemacht, weil wir viele sind bei mir und ich versucht habe, alle so gut unterzubringen wie möglich.

V Also, eigentlich kann man machen, was man will, in diesen Häusern?

– Ja! Sehen Sie mal! ... in diesem Haus ... da war hier die Küche, und es gab zwei Schlafräume und das Wohnzimmer ... aber heute habe ich drei Schlafräume, und hier, das ist eine Küche ... und das Wohnzimmer ... das ist immer noch ziemlich groß ... also sehen Sie mal dort im Hintergrund ... das ergibt ein F 4 ...

Wichtig ist, daß der Anblick dieser Umbauten den Einwohnern offenbar hier mehr als anderswo das Bewußtsein von der Notwendigkeit vermittelt hat, »das Haus an seine Bewohner anzupassen, und nicht nur seine Bewohner an das Haus«:

M-3 Ich habe ihnen gesagt... *Richtet es für euch ein*, macht keine Umbauten für eure Kinder, weil ganz gleich wer, ob das nun eure Kinder sind oder ein Fremder, weil ganz gleich wer... später bei euch wohnen wird, *der wird immer irgend etwas wieder einreißen!* Irgend etwas wird ihm nicht recht sein! Die Tür, die habt ihr dahin gelegt, und er möchte sie lieber dort haben! Ihr habt eine Mauer zugemacht, um ... und er! er bricht eine Tür oder er jagt sie in die Luft ... um ein großes Zimmer zu bekommen (und das ist vorgekommen!): es gibt da vorne Häuser, bei denen haben sie eine große Trennwand eingerissen und eine große Küche eingerichtet und was weiß ich nicht alles ... und jetzt, na ja ... der gute Mann hat wieder eine Trennwand eingezogen, damit seine Küche nicht mehr so groß ist und er ein Zimmer für eins seiner Kinder hat ... Verstehen Sie? ... Es wird immer was verändert ... Man muß nicht sagen: »Das ist aber ärgerlich!«, nein! ... *So gut ein Haus auch geplant ist, es ist niemals geplant für die Familie, die dann darin wohnt* ... Es gibt immer irgend etwas zu verändern ... das macht nichts ... das hält den Laden in Schwung! ... Und hier habe ich das seit dreißig Jahren gesehen! Manche Häuser haben drei oder vier verschiedene Besitzer gehabt, und jedesmal haben sie etwas eingerissen und dann bauen sie es wieder auf, natürlich jeder nach seiner Vorstellung ... das ist eine Art zu leben...

Aber die Veränderungen, der Wunsch, etwas zu verändern, scheinen auch aus dem fremdartigen Anblick der Architektur zu entstehen – der verblüfft, wenn er die Leute nicht schockiert – und aus den Ausmaßen der Räume, die Staunen erregen. Der folgende Bericht stammt ausgerechnet von einer jungen Frau, die erst vor drei Monaten eingezogen ist: Man ist gewissermaßen Zeuge bei der Geburt der Idee, Veränderungen vorzunehmen, in dem Sinne, wie wir es eben erklärt haben:

F-15 Sehen Sie mal, viele Leute sagen: »Oh! wie groß es hier ist!« Wenn sie herkommen, finden sie es groß ... Aber natürlich, wenn sie dann ins Bad gehen, sagen sie: »Aber das ist ja winzig, dieses Bad!« Zu zweit ist man sich dort im Wege, das kann ich Ihnen sagen! ... Sehr klein ... Das große Schlafzimmer ... ist sehr groß! ... Übrigens, man nennt es **das große Schlafzimmer**, aber es ist tatsächlich **groß**! Es ist nämlich so wie hier ... es ist groß ... Das ist eine große Platzverschwendung, nicht wahr! ... Das kleine Schlafzimmer ist ... ein bißchen zu klein ... ein klein bißchen! ein klein bißchen zu klein! Man müßte ... wenn auch ... Ich mag große Schlafzimmer sehr gern ... Aber ... damit es rationell ist, müßte man hier ein Stück wegnehmen und es da anfügen, dann hätte man zwei ausgewogene Räume ... Das wäre ein Wohnzimmer ... gut. Die Küche könnte zur Not so bleiben, wie sie ist ... oder das hier bliebe so, aber unter der Voraussetzung, daß man die Veranda wegnimmt – die Veranda kann man nicht brauchen. Und ... die Toiletten, die hier sind, die mir unheimlich auf die Nerven gehen, das wäre ... Es gäbe dann hier zum Beispiel ... Es wäre hier von der einen Seite durch eine Mauer begrenzt mit einer großen Eingangstür, man müßte es in der Mitte zumauern, das gäbe ein zweites Zimmer, weil es sonst ein zu großes Zimmer würde, das man nicht brauchen kann; das gäbe dann also zwei Zimmer ... Ein Zimmer, das mit der Küche in Verbindung stünde und ein Zimmer, das hiermit in Verbindung stünde, dafür würde man leicht eine Verwendung finden ... Also dann! Wenn es erst einmal so wäre, dann würde meiner Meinung nach das Äußere anfangen, dem Inneren zu gleichen ...

Zitieren wir andererseits zur Unterstützung unserer These die Aussagen einiger Einwohner, die wir in einer drei bis vier Kilometer entfernten Siedlung befragt haben. Die Häuser dort sind Doppel- oder Reihenhäuser und kommen der Konzeption von Le Corbusier sehr nahe, obwohl sie 1960 gebaut worden sind. Es handelt sich um die Siedlung, die auf S. 98 erwähnt wird, als ein Einwohner von Pessac beweisen möchte, daß man heute im Stil von Le Corbusier baut. Die Frage nach eventuellen Veränderungen – die von uns gestellt wurde, weil sie niemals aufgeworfen worden wäre, wenn wir sie nicht ins Gespräch gebracht hätten – diese Frage weckt wohl den Wunsch nach Umbauten, aber offensichtlich hatte der Bewohner niemals von sich aus daran gedacht, Veränderungen vorzunehmen.

V Haben Sie Pläne in bezug auf die innere Aufteilung?
EXT.
F-29 In diesem Haus, ich glaube nicht, daß man da viel verändern könnte ... Außen, vielleicht, ja! ... Wenn ich ein Haus am Rande hätte ... würde ich vielleicht versuchen, die Garage herzurichten. Sehen Sie, daraus ein kleines zusätzliches Zimmer zu machen, es gibt einige, die das gemacht haben.

Woanders in derselben Siedlung wird uns gesagt:

V   Haben deine Eltern Pläne?
EXT.
K-34 Oh! Die Schlafzimmer neu tapezieren, aber das ist alles ...
V   Habt ihr hinten etwas angebaut?
–   Ja, einen Lagerraum! ... Der wird als Abstellraum benutzt, nicht! Das haben übrigens fast alle Nachbarn so gemacht ...

Und noch ein weiterer Einwohner:

V   Haben Sie die Absicht, Veränderungen vorzunehmen?
EXT.
M-30 Ja, aber ... nicht sofort ... Ich glaube ... weil, wenn ich einen Flur mache, wird das Zimmer um die Hälfte kleiner ... ich glaube, daß ich schließlich ... doch alles so lassen werde ... Man kann nicht viel verändern; das ist bis ins kleinste kalkuliert ... Natürlich haben sie überall ein bißchen was abgezwackt, um zu sparen, nicht! ...

Natürlich ist in diesen Häusern zu einem großen Teil die Raumnot dafür verantwortlich, daß man in den Wohnungen nicht die gewohnten Fesseln durchbricht. Und im Vergleich mit dieser Siedlung sind die Häuser in der Siedlung Frugès sehr großzügig angelegt:

F-6 Man hat Platz ... man hat viel Platz! Also haben wir Zwischenwände weggenommen und sie umgesetzt, wir haben es hergerichtet, nicht wahr ...

Aber neben dem quantitativen Aspekt ist der Raum auch qualitativ so beschaffen, daß er großen Spielraum für Veränderungen läßt:

V   Was wollen Sie machen?
M-13 Ich will es so herrichten, wie es jetzt modern ist. Ob modern oder altmodisch, man kann beides machen in diesen Häusern.
V   Man kann beides machen in diesen Häusern? ...
–   Ja, man kann beides machen in diesen Häusern ...
V   Aber warum ...
–   Wenn Sie die Aufteilung ansehen ... wenn Sie sehen ... wie sie gemacht sind! Aus der Terrasse werde ich einen Sommergarten machen ... da, unter der Treppe richte ich eine Bar ein ... Da vorne, bei »X«, da haben sie ein *großartiges Haus gemacht ... In dem Haus haben sie drei Wohnungen eingerichtet!* Aber wissen Sie, das ist einer vom Bau ...

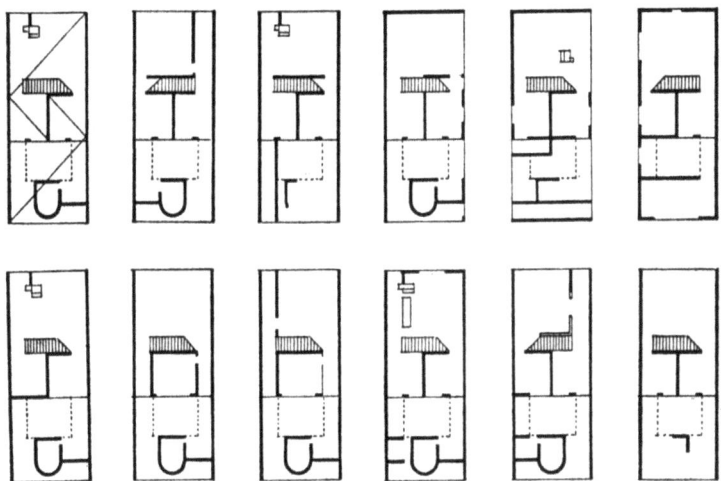

11 Verschiedene, bei demselben Haustyp angetroffene Abwandlungen.

Pessac, ein offenes Werk

In der Tat zeigt ein Vergleich der Umbauten im Inneren der Häuser mit den Entwürfen Le Corbusiers, in welcher Weise diese Konzeption selbst Raum für zahlreiche Kombinationsmöglichkeiten bot. Wir geben hier Schemazeichnungen von verschiedenen Umbauten wieder, die wir in einem der Haustypen vorgefunden haben*. Sie zeigen die Vielfältigkeit der Kombinationsmöglichkeiten und der ausgeführten Veränderungen.

Nach Aussagen eines der Einwohner kann die Architektur hier als Infrastruktur angesehen werden, von der ausgehend sich die Eigeninitiative der Bewohner im Rahmen der räumlichen Gegebenheiten in ziemlich weiten Grenzen frei entfalten konnte, und zwar sowohl in qualitativer Hinsicht (Kombinationsmöglichkeiten) wie in quantitativer Hinsicht (vorhandene Flächen).

Quantitativ ist die *Gesamt*fläche des Hauses der eines normalen Hauses nicht überlegen. Wir haben gesehen, daß sie in etwa den Bauten von Oud aus der gleichen Zeit entspricht. Die Besonderheit besteht darin, daß die kleinen Zimmer auf ein Minimum reduziert sind, wie es der Theorie Le Corbusiers entspricht, der sich von modernen Schiffen und Schlafwagen inspirieren ließ; denn diese Räume, wie Küche und Badezimmer, werden als »Laboratorien« betrachtet, in denen jedes

---

* Oben links der Originalentwurf von Le Corbusier.

Ding seinen Platz hat und in denen nicht ein Quadratzentimeter vergeudet werden darf. Auf diese Weise wird für die übrigen Zimmer Platz gewonnen. Das Eßzimmer von 25 m² zum Beispiel wird um den Raum der Treppe, die hier liegt, vergrößert. Einen guten Eindruck von dieser Organisation der Fläche vermittelt ein bereits zitiertes Interview (siehe S. 116):
»Ein winziges Badezimmer ...«, »das große Zimmer ... groß«, »das kleine Zimmer ... ein kleines bißchen zu klein ...«. Daraus ergibt sich ein Platzgewinn, der anderswo nützlich verwandt werden kann.
Übrigens sind die Häuser so angeordnet, daß sich dadurch, daß sie gegeneinander versetzt sind, die Fläche für die Terrasse sozusagen von selbst ergibt; gerade dieser Raum wird von den Einwohnern oft als Platzverschwendung angesehen, während es in Wahrheit buchstäblich gewonnener Platz ist, denn die Terrassen sind ja keine richtigen »Zimmer«. Es scheint so, als würde hier die Raumnot, die das Charakteristikum der modernen Wohnungen ist, als Argument gerade gegen diese Häuser verwandt, in denen einige Zimmer außerordentlich groß sind:

F-10 Wenn man dieses Zimmer da teilt, gibt das zwei Schlafzimmer ... das ist ganz normal in den Entwürfen, wie man sie heute macht ...
M-1 ... Sehen Sie mal dort im Hintergrund ... das ergibt ein F 4 ...

Wenn man bedenkt, daß Le Corbusier durch seine Schriften die moderne Konzeption, kleine Wohnungen zu bauen (die sich den Schlafwagen und den Dampfer zum Vorbild nehmen), mit beeinflußt hat, dann wird man sich darüber klar, daß er selbst diese Formel nicht einseitig angewandt hat und daß man – zumindestens in Pessac – nicht behaupten kann, daß der Raum dort begrenzt sei (in seinen späteren Bauten ist es vielleicht nicht mehr das Gleiche). Die Räume sind dort lediglich sehr differenziert, in der Art, daß einige sehr viel kleiner sind als anderswo, während andere sehr groß sind. Wir stellen fest, daß sich hieraus ein ästhetischer Kontrast ergibt, weil die Relation der verschieden großen Innenräume zueinander zur Geltung gebracht wird, und daß uns dieser Kontrast aufgefallen ist, daß er aber in den Unterhaltungen niemals erwähnt wurde. Die vorhandene Fläche, die Anzahl an Quadratmetern trägt mit dazu bei, dem Innenraum seine verschiedenen Qualitäten zu geben. Der Raum wird hier zum Teil durch die Dimensionen bestimmt.
Qualitativ wird der Raum dagegen nicht endgültig definiert. Und die Afunktionalität, die wir im dritten Kapitel unterstrichen haben, als

wir die Konzeption Le Corbusiers mit der sehr viel »funktionaleren« von Oud verglichen haben, ist ein anderer Faktor der *Offenheit* dieser Architektur. Die rigorose funktionale Festlegung des Raumes, die man in einer Wohnmaschine erwarten könnte, wirkt hier außerordentlich viel weniger einengend als anderswo. Dennoch ist auch sie ein allgemeines Charakteristikum der gegenwärtig gebauten Wohnungen, für die Le Corbusier sicherlich zu einem guten Teil verantwortlich zu machen ist.

Nehmen wir ein Beispiel. Die Bezeichnung eines Raumes, den Le Corbusier »Empfangsraum« nennt, zeigt, wie vage und unbestimmt seine Verwendung festgelegt ist. Das Wort sagt alles. In der Tat könnte man diesen Raum nur schwerlich eindeutig beschreiben, da er je nach der Lage des Hauses einen anderen Sinn bekommt. (Man erinnere sich, daß die Häuser abwechselnd mit der einen und mit der anderen Front zur Straße stehen.) Die Bewohner benutzen zuweilen Bezeichnungen, die keineswegs präziser als die von Le Corbusier sind, und zeigen so den unbestimmten Charakter der Räume: »Hier, ... das war ein Raum zum Ausruhen ...«
Nun, aus diesem Raum haben die Leute entweder einen Eingangsflur oder ein Büro, oder aber einen Schlafraum oder einen Salon gemacht, und so weiter ... Einmal hat ein solcher Raum sogar als »Frisiersalon« gedient, der zum »Studio« geworden ist, seitdem der Besitzer seinen Beruf nicht mehr ausübt.

M-1 Wir haben von uns aus geschlossen ... Das kleine Studio kann man bei Bedarf in ein Schlafzimmer umwandeln, es ist vielleicht ... es ist kein Schlafzimmer, wenn Sie so wollen, es ist ein Schlafzimmer ... das man im Bedarfsfall ... anbieten kann ...

Genauso ist es mit den Garagen – und da diese Häuser im Jahre 1925 für Arbeiter gebaut worden sind, kann man in diesen Garagen Räume sehen, die außerordentlich *offen* für die verschiedensten Möglichkeiten sind. Sie sind denn auch häufig umgebaut worden zu Schlafräumen, Küchen, Werkstätten, Büros, Bastelräumen, Getränkelagern und so weiter ...
Zur Freizügigkeit der räumlichen Konzeption kommt noch die konstruktive Freiheit hinzu, als direktes Resultat der fünf »Hauptpunkte« der modernen Architektur, die Le Corbusier seinerzeit propagiert hat: Fenster im Querformat, Dachterrasse, Grundpfeiler, freie Fassade und freier Entwurf.
Die vier ersten Punkte sind ihrer Natur nach *Freiräume*, im übertragenen und im wörtlichen Sinne. So macht das querformatige Fenster zum Beispiel die Befreiung der Fassade von allen stützenden

Elementen möglich (wodurch sie zur »freien Fassade« wird), und es macht es leicht möglich, die Fensteröffnung zu verkleinern, während man umgekehrt schwerlich Öffnungen vergrößern könnte, die von Anfang an klein waren. In ähnlicher Weise geben die Terrasse und der Raum zwischen den Stützpfeilern dem Bewohner jede Möglichkeit, sie zu schließen, und es ist ohne jeden Zweifel sehr viel einfacher, eine Dachterrasse durch ein Dach zu ersetzen als umgekehrt. Die Betrachtung dieser physisch offenen Räume, die leicht zu schließen sind, ist zwar etwas Materielles ... Doch sind diese Veränderungen nun einmal an der Materie vorgenommen worden, und es wäre falsch, sie nicht zu berücksichtigen.

Der fünfte »Hauptpunkt« Le Corbusiers ist der »freie Entwurf«. Wenn er auch, wie wir gesehen haben, dem Einwohner große Freiheiten bietet, die dieser zu beanspruchen sich nicht scheut, so hat Le Corbusier darunter jedoch zweifellos die Freiheit der Konzeption in der Anwendung durch den Architekten verstanden. Hier sieht man sich nun erneut dazu veranlaßt, nach den wahren Absichten Le Corbusiers zu fragen, die man von vornherein in seinen theoretischen Schriften zu finden vermutet und in seinen Handlungen, den realisierten Bauten des Künstlers.

Vergleich mit der Gruppendiskussion

Wenn man diese Texte liest, kommt man scheinbar zu der gleichen Folgerung, die in der Gruppendiskussion unterschwellig als Vorstellung vorhanden war. Wenn es in der Gruppendiskussion um Zweckmäßigkeit oder Unzweckmäßigkeit einer geschlossenen oder offenen Architektur, einer freien oder fixierten Architektur ging, dann waren sich alle Beteiligten unausgesprochen darüber einig, daß die Architektur Le Corbusiers geschlossen und festgelegt sei. Nun scheint es aber, daß zwischen der Vorstellung, die man sich von der Architektur Le Corbusiers im allgemeinen machen kann, und dem, was er wirklich gebaut hat, ein totaler Widerspruch herrscht – zumindestens in Pessac*. Um sich davon zu überzeugen, genügt es, einige Passagen aus der Gruppendiskussion mit Interviewabschnitten zu vergleichen.

B   Ich würde sagen, daß vor unserer Zeit das Haus für die Familie, für das Individuum im allgemeinen nicht von einem Architekten gebaut worden ist. Hier öffnet sich meiner Meinung

---

* Ein Widerspruch, den der Leser sicherlich auch in der Interviewpassage von M19 auf Seite 112 festgestellt hat.

nach ein Zugang zu der Rolle des Architekten, der sich im Augenblick an der Grenze zum Chaos befindet. Die Rolle des Architekten besteht nicht darin, ein Haus fertigzustellen, sondern einen Ort vorzubereiten, wo die Leute sich einrichten können. Er braucht dazu vorfabrizierte, industrialisierte Bauelemente, die er so montieren kann, daß die Leute sich darin wohl fühlen und daß sie möglichst wenig Fehler in bezug auf die Harmonie der Räume und bei den Öffnungen und bei der Innenaufteilung machen, die sie vornehmen können. (Man beachte den leichten Widerspruch, der darin liegt, daß den Einwohnern die Möglichkeit, Fehler zu machen, genommen werden soll.)

A_2 Daß es eine gewisse Flexibilität des Entwurfs geben muß, darüber sind sich wohl alle Architekten einig; sie müssen eine Flexibilität, die im Augenblick des Entwerfens notwendig ist, in ihre Überlegungen mit einbeziehen ... Wenn man mit einer Architektur die Situation A herstellen kann und mit einer anderen die Situation A und B, dann ist die, welche die Bedürfnisse von A und B erfüllt, die bessere, das ist sicher!

V Aber stellen sich die Architekten denn die Aufgabe, eine Möglichkeit zu finden, A und B herzustellen? ...

A_2 Aber selbstverständlich! ...

V Hat sich zum Beispiel Le Corbusier diese Aufgabe gestellt? ... Nicht zu reden von der Tatsache, daß er gesagt hat, er vergewaltige die Leute, hat er denn wirklich etwas getan, damit die Leute zwischen A und B wählen können? ...

A_2 Er hat sie vielleicht ein bißchen vergewaltigt, er hat sie vergewaltigen wollen, weil im Grunde – ich will damit sagen, daß die Leute sicherlich nicht das gewollt haben, was Le Corbusier für sie gemacht hat, in dem Augenblick wo er es gemacht hat ... Das entsprach nicht den unmittelbaren Bedürfnissen eines jungen Paares, das sich neu einrichtet, ganz bestimmt nicht! ... In der Tat hat er sicher nicht an die notwendige Flexibilität gedacht, in dem Maße, wie man daran heute, vielleicht wegen der Mißerfolge seiner Experimente, denken kann, aber er war sich seiner selbst sehr sicher, das ist eine Eigenschaft, die man ihm zuerkennen muß; es ist eine Art Kraft, die ihm diese Bauten ermöglicht hat. Man kann sie kritisieren, aber sie sind trotzdem gebaut worden, und es ist diese Kraft, die ihn dazu gebracht hat, das Problem der Flexibilität zu übersehen ... Er war sich seiner Lösung sicher und dachte gar nicht daran, daß es auch noch eine zweite Möglichkeit geben könnte ...

Kommen wir jetzt noch einmal auf den damals hergestellten Werbeprospekt zurück:

INNENEINRICHTUNG
»*Die Häuser sind innen nicht vollständig fertiggestellt, um Diebstähle zu vermeiden, während sie noch unbewohnt sind. Außerdem fallen sie in diesem Zustand unter die Verordnungen des Gesetzes vom 3. August 1926, Art. 18, durch die sie von den siebenprozentigen Mutationsgebühren (beim Wechsel des Besitzers, d. Ü.) befreit werden. Die noch auszuführenden Arbeiten sind jedoch nicht sehr umfangreich, und die Besitzer brauchen nur ein oder zwei Wochen auf den Einzug zu warten.*«

Die Gründe dafür, das Haus nicht fertigzustellen, sind also, wie man sieht, funktionaler und ökonomischer Art. Dennoch liest man weiter unten:
»*Die Ausgestaltung der Gärten und Terrassen überlassen wir der Sorgfalt und der Phantasie jedes einzelnen; die von den Herren Le Corbusier und Jeanneret ausgearbeiteten Entwürfe halten wir jedoch zur Verwendung durch die Käufer bereit.*«

Ob beabsichtigt oder nicht, auf jeden Fall waren die Häuser bei der Übergabe an die Bewohner nicht ganz fertig:

M-8   Bei den »X« finde ich es gut, weil sie es so gemacht haben, wie sie selbst es haben wollten ... Ich finde, daß man ein Haus eigentlich nur anfangen sollte ... man braucht es gar nicht fertigzumachen ... und wenn dann einer einzieht, richtet er es sich auf seine Art ein, wie es ihm Spaß macht ... die sind nicht fertig gewesen, diese Häuser ... (...) ... am Anfang hat's traurig ausgesehen ... ganz grau ... (...) ... Jetzt, wo sie hergerichtet sind, geht's ...

V   Der Bewohner macht sein Haus selbst fertig ... Ja! Genau so! Er kriegt sein Haus, und er macht es dann selbst fertig ... so ist es richtig ...

In Pessac ist diese Beteiligung der Bewohner sogar eine Notwendigkeit:

M-19   In so einem Haus muß man Bastler sein, dann ist das problemlos! ...

F-6   *Man muß es einrichten können ... man muß das Beste daraus machen, nicht wahr! ... aber sonst sind diese Häuser sehr angenehm, ... und solide!* ...

Man sieht, daß die Realität den Annahmen widerspricht, die der Gruppendiskussion implizit zugrunde lagen:

B   Ich nehme jetzt eine Idee wieder auf, die ich eben schon mal ausgesprochen habe: Die Leute mögen es nicht, daß man ihnen ihre Häuser ganz fertigstellt, davon bin ich fest überzeugt. Um darauf zurückzukommen, *in Pessac sind die Häuser ganz fertiggestellt worden*, und ich gebrauche hier noch einmal das Wort »Pionier« ..., weil die architektonischen Formen, die er entworfen und gebaut hat, anders waren als alles, was vorher existiert hat; jedenfalls generell gesehen. Es hat eine Periode der Gewöhnung gegeben, und dann haben die Leute gemerkt, und andere haben es auch gemerkt, daß das, was man für sie vorbereitet hatte durch eine Art Wiederholung der Baukörper (...), daß sie sicherlich einengt und *sie zu stören droht. Ich glaube, daß der Mißerfolg von Pessac aus diesem Unbehagen entsteht,* und unsere berufliche Haltung ist traurig, weil wir eine *eigenwillige Architektur machen;* indem wir eine Zeile, zwei, drei, vier, fünf Zeilen herstellen, werden wir ein bißchen die Faschisten des Bauwesens, *weil wir den Leuten einen vorherbestimmten, fertigen Raum* aufzwingen, der dem Empfindungsvermögen des zukünftigen Bewohners entspricht.

Außerdem sieht es so aus, als ob sich die Dinge in diesem Punkt seit 1925 recht wenig entwickelt hätten, weil hier die gleiche Frage gestellt wird, die sich Le Corbusier in Pessac gestellt hat:

B   Ist es mit den technischen Mitteln, über die wir heute verfügen, möglich, die verschiedensten Räume mit in großer Serie vorgefertigten Elementen herzustellen, ganz gleich, ob sie aus Holz, aus Aluminium, aus Eisen, aus Bronze oder aus Beton sind? ...

Deshalb halten wir es für nützlich, hier einen langen Abschnitt über das Thema »Konstruktionsspiel«, so wie es sich in der Gruppendiskussion dargestellt hat, zu zitieren:

I   Im allgemeinen gibt es Sicherheitsventile, wenn die Dinge sehr schlecht stehen; bei den Schwierigkeiten im Leben gibt es eine Art Konstante, und wenn man etwas gar nicht ertragen kann, findet sich meistens ein Ausweg; der Ausweg, den die Städter gefunden haben, war das Camping, vielleicht ist das Camping zu mobil, vielleicht ist es zu ungesund, aber es ist das Gegenteil der sklerotischen Stadt, die ja gerade entstanden ist, seit diese Titanen ihre kubischen Kreationen in Beton und Tragwerken geschaffen haben, die zu allem Überfluß nicht nur eine effektive Starrheit vom Material her aufweisen, sondern die auch nach starren Gesetzen gebaut sind, die es nicht erlauben, mehr als vier Quadratmeter Wandschrank einzubauen, auch wenn Sie sechsunddreißig bretonische Bauernschränke unterzubringen haben! ... Seit zehn Jahren verkündige ich, daß es technisch absolut möglich ist, Konstruktionsspiele ohne jeden Plan, ohne jede andere Regel als den gesunden Menschenverstand durchzuführen; die Leute neigen nicht zum Selbstmord, früher oder später werden sie ihre Kulturen durch die Praxis vervollkommnen ... so wie es ihnen gelungen ist, sich mehr oder weniger annehmbar zu kleiden, so werden sie auch dahin kommen, mehr oder weniger annehmbar zu wohnen, das ist eine Frage der Erziehung. Und in dem Moment, wo sich das Problem der Freizeit stellt, das ich ein Problem des Müßiggangs nenne, wäre das eine ausgezeichnete Lösung!

A_2 Die Konstruktionsspiele und all das, das ist sehr gut! niemand bestreitet das!

I Also, warum macht man das nicht? Was hier auf dem Papier zu sehen ist (Pessac), das ist kein Konstruktionsspiel! Meine Kinder haben mit dem *Lego*-System schon sehr viel Besseres zustande gebracht! Das ist sehr viel komplexer; aber dieses Grundmuster, das dieses aufgedonnerte Papierzeug überzieht, das ist schädlich, weil man an etwas glaubt, was es gar nicht gibt!

V Es gibt einen interessanten Satz von Le Corbusier über Pessac: *Man könnte bewundernswert gut geplante Häuser bauen, vorausgesetzt natürlich, daß der Mieter seine Mentalität ändert* ... Was soll man dazu sagen? ...

A_2 Meiner Meinung nach soll das heißen, daß man den Mieter ein wenig vergewaltigen muß, das kann man nicht bestreiten! Ich glaube, es gibt einen amerikanischen Architekten, Wright, dessen Talent niemand bestreitet, der aber seine Kunden niemals zufriedengestellt hat!

Dann wird das Problem wieder auf das Material zurückgeführt: Der Beton verhindere durch sein Gewicht jede *mobile* Lösung.

I ... Daß man Konstruktionsspiele machen soll! Seit zehn Jahren schlage ich das vor ...

(...)

A₂ Vorschlagen, natürlich! Aber ist es anwendbar? ...
I   Ja, es ist anwendbar! (...) Es gibt überall Aufpasser, die verlangen, daß man mindestens 50 kg Eisen verwendet und außerdem 1000 kg Beton, wenn man, wie Fuller zum Beispiel, ein Haus genausogut mit nur 17 oder 15 kg bauen könnte!
A₂ Wir kommen immer wieder auf den Beton zurück, aber das Problem liegt eigentlich gar nicht beim Beton!
I   Streiten wir uns doch nicht um Worte (...) Was ist das eigentlich, Immobilität und Starrheit? (...) Ein großer Steinbrocken, der 500 kg wiegt, ist der mobil oder immobil? Das ist eine Frage des Gewichts ... So bringen wir die Diskussion auf ein ziemlich niedriges Niveau; aber was ist eigentlich mobil? Etwas, das ich hochheben kann; dieser Tisch ist mehr oder weniger mobil, aber weniger mobil als dieser Gegenstand, den ich hier in der Hand habe ...

Wir haben gesehen, daß in Pessac die einzelnen Bauelemente nicht eigentlich leicht und mobil sind (»das ist solide ... «) Und gerade die Tatsache, daß die Inneneinrichtung erst fertiggestellt werden mußte – was einigen als positiver Faktor erschien, während andere bedauerten, sich darum kümmern zu müssen –, wird hier gegen jenen anderen Aspekt abgewogen, auf den wir oben schon betont hingewiesen haben, nämlich die Solidität.

F-6 Man muß es einrichten können ... man muß das Beste daraus machen, nicht wahr! ... *aber sonst* sind diese Häuser sehr angenehm ... *und solide!* ...

In dem aktuellen Kontext gewisser Untersuchungen auf dem Gebiet der Architektur, die sich mit dem Problem der freien Verfügung über die Architektur durch die Benutzer befassen, kann das Experiment von Pessac zumindest für den Bereich des Wohnbaues einige interessante Aufschlüsse bringen. Und das umso mehr, als sich die im allgemeinen untersuchten Faktoren der Flexibilität, der Leichtigkeit und der Mobilität durchaus nicht immer in Übereinstimmung mit einem Bedürfnis nach Solidität und Festigkeit befinden, das ohne Zweifel in Wechselbeziehung zu einer gewissen Verwurzelung steht, die wir in Pessac feststellen konnten.

»*Äußerlich wirkt dieses Viertel
wie ein Elendsquartier . . .
Vom soziologischen Standpunkt aus gesehen ist es aber
kein Elendsquartier . . .*«
M. M., Einwohner von Pessac

9 Die Interviews: räumliche und soziale Verhältnisse im Viertel

Individuell und kollektiv

Wenn man es auf das ganze Viertel bezieht, verändert sich das Problem, aber die Grundwidersprüche bleiben. Wir knüpfen direkt an die am Ende des vorangehenden Kapitels zitierten Passagen aus der Gruppendiskussion an, wenn wir zeigen, wie sich die Widersprüche zwischen Mobilität und Starrheit, zwischen Freiheit und Zwang im Laufe der Diskussion ständig mehr in den Widerspruch zwischen individuell und kollektiv verwandeln.

S . . . Wir haben uns gefragt, ob die Architektur letzten Endes nun etwas Bewegliches, Flexibles ist, etwas, worauf der Benutzer reagieren kann, oder ob sie nicht eher etwas Feststehendes ist, etwas, worauf der Benutzer per definitionen eben nicht reagieren kann . . .

A_2 Ich glaube, beides trifft zu. Es gibt bestimmt einen Freiraum, den man beeinflussen kann; die Untersuchungen haben das bewiesen, es handelt sich dabei um die Pavillon-Wohnform. Da kann man ganz sicher jedem einzelnen eine kleine Chance geben, seinen Innenraum einzurichten, aber meiner Ansicht nach ist diese Tendenz im Schwinden begriffen.

I Wo liegt da der Unterschied, wenn beispielsweise der Innenraum genau der gleiche bleibt?

A_2 Der Unterschied liegt darin, daß ich zum Beispiel ein Eßzimmer nicht über eine Küche legen würde, und sei es nur wegen der Gerüche; das macht einfach Schwierigkeiten. Übrigens gibt es sicherlich auch innerhalb einer Etage einen möglichen Spielraum. *Jedenfalls muß es in einem gemeinsamen Wohngebiet immerhin eine gewisse Autorität geben, eine gewisse Ordnung. In unserer Zeit kann man die Leute nicht völlig frei sich selbst überlassen; ganz sicher nicht.*

I   Was haben die Leute denn verbrochen?

A_2 Sie haben nichts verbrochen, darum geht es nicht. Aber von bestimmten Dingen muß man heute Abschied nehmen.

D   Glauben Sie nicht, daß es vielleicht nur zur Hälfte ein Abschied ist? Wenn man ein wenig die Geschichte der Architektur verfolgt, fällt einem auf, daß es nie an Polizeiverordnungen gefehlt hat; ich weiß, daß es seit dem 15. Jahrhundert und noch früher in Frankreich welche gegeben hat ... ich könnte sie nicht im einzelnen aufzählen, aber sie sind recht interessant.

A_2 Ich will nicht als Verteidiger von Verordnungen dastehen, glauben Sie nur das nicht!

D   Nein, aber die Verordnungen sind schließlich nicht erst am Tag der Befreiung entstanden, sondern schon früher. Es gab seit jeher Versuche der Reglementierung seitens der städtischen Behörden. Nehmen Sie zum Beispiel nur einmal die Höhe der Gebäude an den Ufern der Seine im 18. Jahrhundert.

A_2 *Das gehört eben zum Leben in Gemeinschaften, das ist keine Besonderheit der Architektur.*

D   Aber sicher! ... Eines wollte ich noch sagen, wenn es vielleicht auch nicht so wichtig ist – wir werden sehen. Bei jedem Gebäude, das man baut, sei es nun ein Pavillon oder ein sechsstöckiges Mietshaus, bei jedem Gebäude gibt es *einen äußeren Aspekt, das ist der öffentliche, und einen inneren, das ist der private.* Darauf muß man Wert legen, ich glaube, das ist sehr wichtig.

Der Kreis der Gegensätze scheint sich hier zu schließen, wir sind zu dem Widerspruch von innen und außen zurückgekehrt.
Dieser Zusammenhang zwischen den verschiedenen Vorstellungen hat seine Entsprechung im Räumlichen. Denn wenn außerhalb des Hauses, auf das ganze Viertel bezogen, die Bedingungen des Problems auch anders sind, so stellt beim Übergang vom privaten zum öffentlichen Raum – das heißt, von der Architektur zum Städtebau – doch die Häuserfassade jene Membran dar, die die beiden Räume voneinander trennt und gleichzeitig den materiellen Zusammenhang sichert. So muß man die Ursache für das gegenwärtige Aussehen der Siedlung sicherlich in dieser Doppelfunktion der Stadtlandschaft sehen, die

den Rahmen des gemeinschaftlichen Raumes bildet und zugleich das äußere Gesicht des individuellen Raumes ist, der hinter jeder Fassade liegt. Seit jener Zeit, als Le Corbusier das Viertel als kollektives Ganzes konzipiert hat, ist es ein wunderliches Agglomerat individueller Einzeleffekte geworden.
Die Farben, die Le Corbusier einmal auf gewissen Flächenkomplexen einfarbig und im Gegensatz dazu auf bestimmten Einzelflächen polychrom aufgetragen hatte – worin man ohne Zweifel ein Beispiel des Kubismus in der Architektur sehen kann –, könnten als Beweis für seine Absicht dienen, den äußeren Raum als städtebauliche Einheit zu behandeln: »Wir haben eine völlig neue Konzeption der Mehrfarbigkeit angewandt und dabei ein rein architektonisches Ziel verfolgt: den Raum mit Hilfe der sinnlichen Natur der Farbe zu bilden, so wie wir es bisher mit den Formen gemacht haben. Das bedeutet, die Architektur in den Städtebau zu überführen.« Das bedeutete weiterhin, das Individuum in die Gemeinschaft zu überführen.
Schritt für Schritt haben die Farben – oder einfach die Art ihrer Erneuerung durch die Bewohner – dem Raum allmählich das konkrete Aussehen von getrennten Einheiten wiedergegeben, die den Familieneinheiten entsprechen. Die Doppelhäuser zum Beispiel, die anfangs den Anblick eines einheitlichen Gebäudes boten, das nur schwer die Vorstellung einer inneren Zweiteilung aufkommen ließ, stehen nun als Doppelhäuser nebeneinander. Ebenso erscheinen die Häuserreihen, die von Le Corbusier mit einer einheitlichen Farbe versehen waren, nun als eine Abfolge von Häusern mit individuellen Fassaden. An die Stelle der Gesamtkomposition, wie sie Le Corbusier konzipiert hatte, ist eine Aneinanderreihung individueller Elemente getreten.
Wir haben den Gegensatz zwischen dem »Siedlungs«charakter des Viertels – der aus der einheitlichen Konzeption entspringt – und dem individuellen Aspekt bereits kennengelernt:

M-8　Hier ... *das ist eine Siedlung* ... dabei sind keine zwei Häuser gleich: Sie haben ihren Garten; es gibt kein Haus, das wie das andere angelegt ist ... Ich muß noch mal sagen, daß er keins wie das andere gemacht hat ... Das war seine Idee. *Dennoch ist es eine Siedlung, weil die Häuser sich ähnlich sind, und* ... trotzdem nicht gleich: *Es ist eine Siedlung, weil sie sich alle ähnlich sind und von dem gleichen Mann entworfen sind. Ich nehme an, daß man das eine Siedlung nennt* ...
S　Dies ist gleichzeitig Villa, Einfamilienhaus und Siedlung ...
–　Ja, das ist alles, nicht wahr! Das ist ja gerade das Gute daran ...

Hier findet sich wieder der allmähliche Übergang des Gegensatzes zwischen Vielfalt und Norm in den zwischen Individuum und Kollektiv, den wir schon hervorgehoben haben, als wir die Konzeption Le Corbusiers analysiert haben, die den Zusammenhang zwischen den beiden Problemen zeigt. Wir haben die Tatsache beschrieben, daß er versucht hat, den Gegensatz zwischen individuell und kollektiv auf methodisch ähnliche Weise aufzuheben wie den zwischen Norm und Vielfalt.

F-15 Seit 15 oder 20 Jahren wohnt hier eine Frau, die keinerlei Kontakte hat, obwohl sie jeden im Viertel kennt ... Wie soll man sagen! ... Sie ist nicht unbedingt mit jedem sehr vertraut. *Sie hat es verstanden, sich ihren eigenen privaten Bereich zu bewahren und* ... *obwohl sie natürlich mit jedermann gut Freund ist* ... so etwas kommt in den modernen Siedlungen nicht vor ... (...) ... *Ein bißchen wie ein Block innerhalb der ganzen Siedlung*, wissen Sie. Wenn man die Straße so betrachtet, sind das alles kleine Blocks ... *aber es sieht auch aus wie* ... nein, nicht wie *eine Einteilung in einzelne Parzellen* ... *Oder doch: die kleinen Häuser mit ihren Gärten sehen gleichzeitig aus wie Parzellen und wie Blocks* ... (...) ... Die Bäume sind einmal ein großer Reiz dieser Gegend gewesen ... Man kam sich ein bißchen vor wie ... wie in einer Vorstadt ... (...) ... So ein Viertel hat auch sein Gutes, alles ist ... *die Häuser stehen eng beieinander* ... *aber wir haben trotzdem unseren individuellen Bereich*, was zum Beispiel in den modernen Blocks nicht möglich ist ... Ich habe lange Zeit in dem Neubaugebiet von Camponnac gewohnt, das gilt als Gebiet mit hohem Standard, aber ich habe gefunden, daß man dort keineswegs sehr engen Kontakt miteinander hatte... Das kommt daher, daß ... obwohl man nebeneinander wohnt, ... gibt es dort verschiedene soziale Schichten ... hier hat man gute freundschaftliche Beziehungen und *fühlt sich trotzdem nicht gestört wie in einem Häuserblock oder wie in anderen Siedlungen, wo die Häuser eng zusammen stehen;* ich weiß übrigens nicht genau, woher das eigentlich kommt... Vielleicht, weil das hier schon alt ist, die Leute haben bestimmte Gewohnheiten angenommen ... es gibt solche Gewohnheiten, oder besser eine Tradition* ... und trotzdem, es sind ja immerhin Häuser, die aneinandergrenzen, und man fühlt sich trotzdem nicht von den Nachbarn gestört ... Abgesehen von großen Häuserblocks *gibt es ja auch Siedlungen, wo die Häuser in einigem Abstand voneinander stehen* und wo die Leute doch aufpassen, was man übereinander sagt, während

---

* Siehe Anmerkung auf S. 131.

hier, hier lebe ich schon lange und hier kenne ich die Leute. Vielleicht liegt es aber auch an der Lage, die Häuser stehen an der Straße. Und dann gibt es aber auch noch Unterteilungen, etwa in der Form eines T, vielleicht liegt es daran, ich weiß es nicht ... Man hat wirklich den Eindruck, wenn man einmal zu Hause ist, dann ist man auch zu Hause...

Der äußere Eindruck – da wir die beiden zu unterscheiden gelernt haben – ist der einer »Siedlung«.

V Was ist das, eine »Siedlung«?
EXT.
F-33 Nun, eben *diese Gruppe* von Häusern...

Und noch einmal der äußere Anblick, wie er sich den Leuten, die nicht zum Viertel gehören, darbietet:

EXT.
F-33 So in einem großen Haufen zusammengepfercht, das ist unästhetisch... Daß sie so in einer »Siedlung« zusammenstehen, das würde mir nicht gefallen, auch wenn's anders geplant wäre... (...) ... Ich mag die »Siedlungen« nicht, die großen Häusergruppen, das gefällt mir alles nicht! ... Eine Mietwohnung mitten in die Landschaft gesetzt! ... Wenn man in der Stadt eine Mietwohnung besitzt, ist das etwas ganz anderes als hier, mitten in der Landschaft... Hier heißt das ja, daß man sowohl die Unannehmlichkeiten einer Mietwohnung als auch die des Außerhalbwohnens hat... (das heißt: Fehlen von Dienstleistungen, von Einkaufsmöglichkeiten, Freizeitbeschäftigungen usw...).

Wieder einmal zeigt sich die Diskrepanz zwischen einerseits der geistigen Vorstellung, die man von vornherein besitzt und mit einem Namen belegt, und den tatsächlichen Verhältnissen andererseits. Der Bewohner, den wir nun zitieren wollen, berichtete uns, daß er soeben mit großem Interesse das Buch von Jane Jacobs »The Death and Life of Great American Cities«* gelesen habe. Infolgedessen ergreift er eindeutig für die »wirkliche Stadt« Partei:

M-19 Das ist ein Städteplaner, der wie viele Städteplaner gegen die Urbanität ist... Ich bin ausgesprochen für die Stadt, die wirk-

---

* Dtsch. Übers. s. Bauwelt Fundamente, Band 4: Tod und Leben großer amerikanischer Städte.

liche Stadt... Das Land geht ja noch ... aber ein Vorort, das
ist für mich weder Stadt noch Land, das ist eine Art Misch-
masch ... innerhalb dieses Mischmaschs gibt es natürlich
mehrere Lösungen, und was ich da am ehesten akzeptiere, das
ist dies hier, die Gartenstadt......

Im Gegensatz dazu folgen nun in dem Interview einige Äußerungen,
die zu beweisen scheinen, daß der Bewohner dem Viertel sehr wohl-
wollend gegenübersteht:

- ... Das Viertel hat eine gewisse Dichte, ohne daß man sich beengt fühlt... (...) Die Kinder können draußen spielen, ohne
aber deswegen ohne die Aufsicht der Eltern zu bleiben.

Der gleiche Bewohner betont außerdem ein »sehr starkes Zusammen-
gehörigkeitsgefühl«, das seiner Ansicht nach das Viertel kenn-
zeichnet*.
Schließlich hat der Befragte, der augenblicklich noch Mieter ist, die
feste Absicht, sein Haus zu kaufen, was ein letzter Beweis für den
Widerspruch ist, der zwischen seinen Worten und seinem tatsäch-
lichem Verhalten besteht.

Unsichtbare Aufteilung des Viertels in Zonen

Es läßt sich also feststellen, daß die Beobachtungen der Bewohner,
die das Viertel betreffen, im allgemeinen positiv sind. Eine grund-
sätzliche Anmerkung ist jedoch zu machen: Die Personen, die wir
soeben zitiert haben und die im allgemeinen das Problem des Viertels
von sich aus angesprochen haben, leben genau mitten in diesem
Viertel. Diese Feststellung, die wir seit der ersten Untersuchung
machen konnten, muß mit einer anderen Beobachtung in Verbindung
gebracht werden, die den Zusammenhang innerhalb einer bestimmten
Zone betrifft, und zwar einer ausgesprochenen Randzone, die zum
Teil sogar außerhalb des eigentlich architektonisch zusammenge-
hörenden Viertels liegt.
Betrachten wir zunächst den topologischen Aufbau der Siedlung genauer. Vom Zentrum Pessacs aus gelangt man über eine Straße, die
Avenue Frugès heißt, ins Viertel. Diese Straße führt an der Siedlung
entlang, geht aber niemals hinein und bildet so eine Art Grenze. Eine

---

* Siehe auch die »Tradition«, von der die Befragte F-15 hypothetisch
spricht (S. 129). Hier zeigt sich eine soziale Zusammengehörigkeit innerhalb
des Viertels.

andere Straße, die Rue Le Corbusier, die an beiden Seiten von Häusern gesäumt ist, verläuft genau in der Mitte und teilt das Viertel gewissermaßen in zwei Teile. Schließlich gibt es noch eine dritte Straße – das Viertel hat nur drei – die noch mehr innerhalb liegt, da sie an beiden Seiten als Sackgasse endet und nur von innen her zugänglich ist.
Erste Feststellung: Die Straßen stellen zwar so etwas wie physische Einschnitte innerhalb des bebauten Raumes dar und unterteilen das Viertel also räumlich in verschiedene Zonen, aber diese Zonen entsprechen nicht den soziologischen Zonen, die man beobachten kann und innerhalb derer es verschiedene Zusammengehörigkeitsgrade gibt: Diese soziologischen Zonen sind vielmehr auf die Straßen hin ausgerichtet und werden praktisch durch diese bestimmt; die Straßen wirken so als verbindendes Element und nicht als Trennungslinie zwischen den angrenzenden Gebieten. Dazu ist noch zu sagen, daß der Verkehr überhaupt keine Gefahr darstellt, da er praktisch nur das Viertel erschließt, entsprechend der allgemeinen Anlage der Siedlung als Gebiet ohne Durchgangsverkehr. Bemerkenswert scheint die Tatsache, daß die durch die Straßen bestimmten Zonen in keiner Weise der Architektur der an diesen Straßen stehenden Häuser Rechnung tragen. An der Rue Le Corbusier etwa stehen auf der einen Seite niedrige einstöckige Reihenhäuser und auf der anderen Seite »Wolkenkratzer«, zweistöckige Doppelhäuser, die in unregelmäßigem Abstand voneinander stehen. Übrigens gibt es in dieser Straße in der Längsrichtung und in der Querrichtung zahlreiche nachbarliche Beziehungen.
Das Beispiel der Avenue Frugès ist noch eindrucksvoller: hier stehen auf der einen Seite Reihenhäuser von Le Corbusier und auf der anderen Einfamilienhäuser, die zum Teil vorfabriziert sind; diese Einfamilienhäuser haben weite Abstände voneinander und sind im konventionellen Landhausstil der Vororte gebaut. Man findet jedoch gerade hier zahlreiche nachbarliche Beziehungen, die sich im Laufe der Zeit sogar zu verwandtschaftlichen Beziehungen weiterentwickelt haben:

M-2 *Diese Reihe da* . . . das war übrigens schon immer . . . im übrigen werden wir ein wenig beneidet von den Leuten, weil man sich hier sehr gut versteht! müssen Sie wissen! . . . Man braucht einen Händedruck . . . und sehen Sie! jeder geht hin! Wenn nachts einer krank wird, sind alle bereit zu helfen.

NB.

F-27 Das dort, das ist unser Familienbesitz . . . Früher legte am 14. Juni ein Nachbar eine Platte auf, und dann! dann tanzten alle auf der Straße! . . .

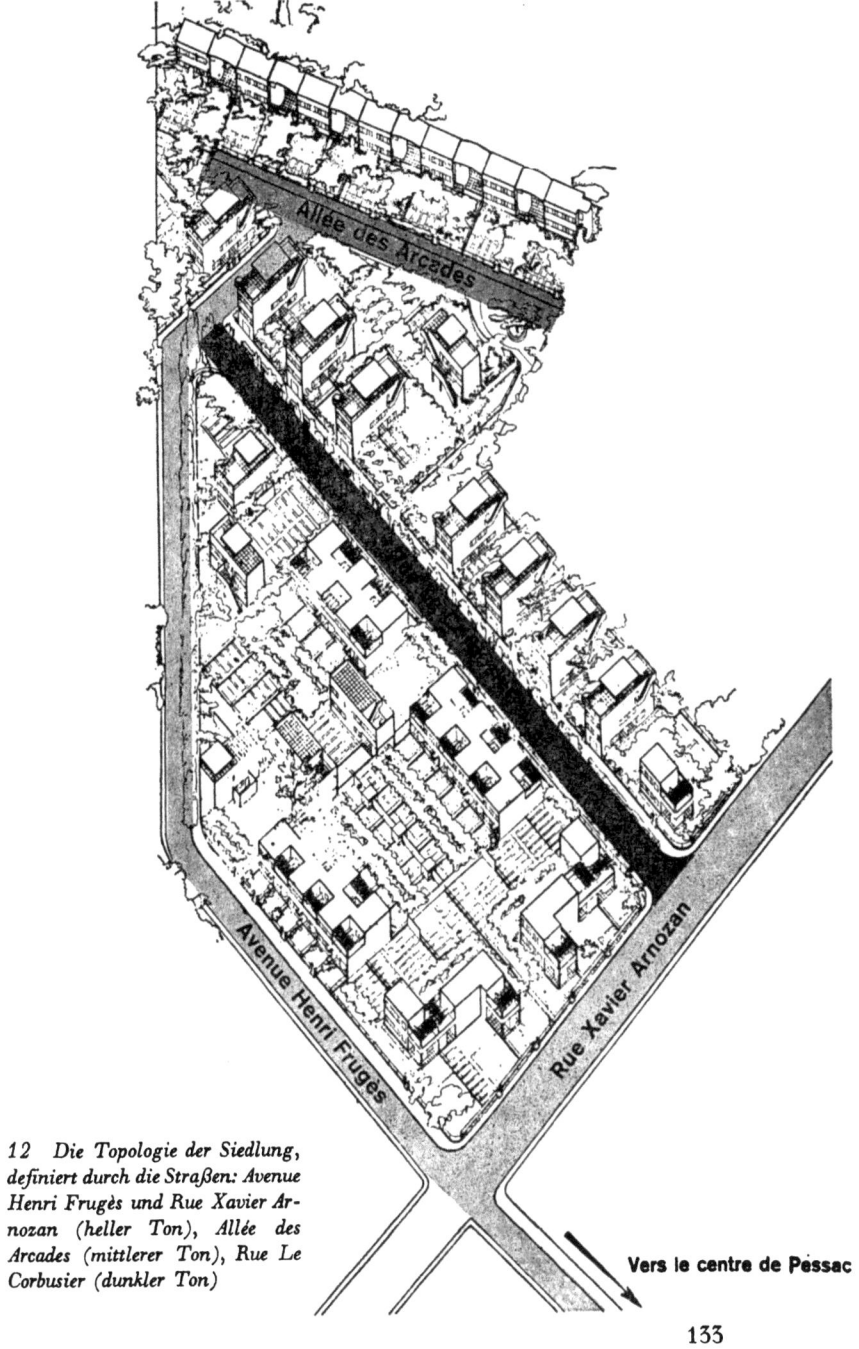

12 Die Topologie der Siedlung, definiert durch die Straßen: Avenue Henri Frugès und Rue Xavier Arnozan (heller Ton), Allée des Arcades (mittlerer Ton), Rue Le Corbusier (dunkler Ton)

Bezeichnenderweise wurde diese Dame, als ihr Einfamilienhaus gebaut wurde, von ihren Nachbarn folgendes gefragt:

- Die Nachbarn haben mich gefragt: *Warum bauen Sie nicht zur Straße hin?* - Ich habe gesagt: nein, ich wolle nach Süden raus bauen...
- M-1 Ja, man kann sagen, daß diese Straße hier, die der Straße dort hinten gegenüberliegt, viel schöner ist ... sicher, wir sind hier weniger Leute ... das haben wir ... nun ... ein bißchen mit Absicht so eingerichtet ... aber die hintere Straße, die ist wirklich nicht schön!... besonders die linke Seite, die großen...
- F-6 *Auf der Straße* sind die Leute sehr korrekt, sehr förmlich, und dann, meine Güte, ist es eine angenehme Umgebung. (...) Nach hinten? Nein, da gehe ich nicht hin ... außer Frau B. kenne ich da nicht viele ... ich gehe da nie hin ... was soll ich da ... man bleibt besser zu Hause ... wir leben sehr zurückgezogen ... Hier bleibt jeder bei sich zu Hause, aber sehen Sie ... wenn es jemandem schlecht geht ... halten alle zusammen...
- V Herrn und Frau B. *aus der anderen Straße*, kennen Sie die?
- Die B.s sind reizende Leute! Aber trotzdem, *das ist nicht das gleiche*, man ist schon viel ... das kommt daher, daß man viel mehr in dieser Straße hier ist als dort drüben...
- V Und diese Straße hier?...
- Ah! sehr gut!... hier ist es sehr gut! Sehen Sie, dadurch, daß wir in dieser Straße nur 1, 2, 3, 4, 5, daß wir hier nur 7 sind, *dadurch haben wir uns hier immer gut verstanden* ... hier sind alle ruhig und still, verstehen Sie, während da drüben sehr viel mehr Leute wohnen, da hinten raus, an der Straße dort stehen an beiden Seiten Häuser, und dann sind da die Doppelhäuser, diese großen, da ist ... nach vorne raus ein Mieter und nach hinten raus ein Mieter, also das sind sehr viel mehr Leute als hier, wo alles ruhig ist ... Sehen Sie, Sie hören nichts außer dem Zug, der vorbeifährt, aber daran gewöhnt man sich, *sonst sind aber alle sehr still, sehr freundlich, man kennt sich, man tut sich gegenseitig mal einen Gefallen, das ist großartig*...

Die verwandtschaftlichen Bindungen, die sich nach und nach in der Umgebung dieser Straße hergestellt haben, sind erstaunlich:

- M-2 Meine Tochter hat den Sohn des Nachbarn rechts neben uns geheiratet und wohnt dort hinten... Mein Sohn hat die Tochter des Nachbarn links neben uns geheiratet und wohnt da, gegenüber, auf der anderen Straßenseite...

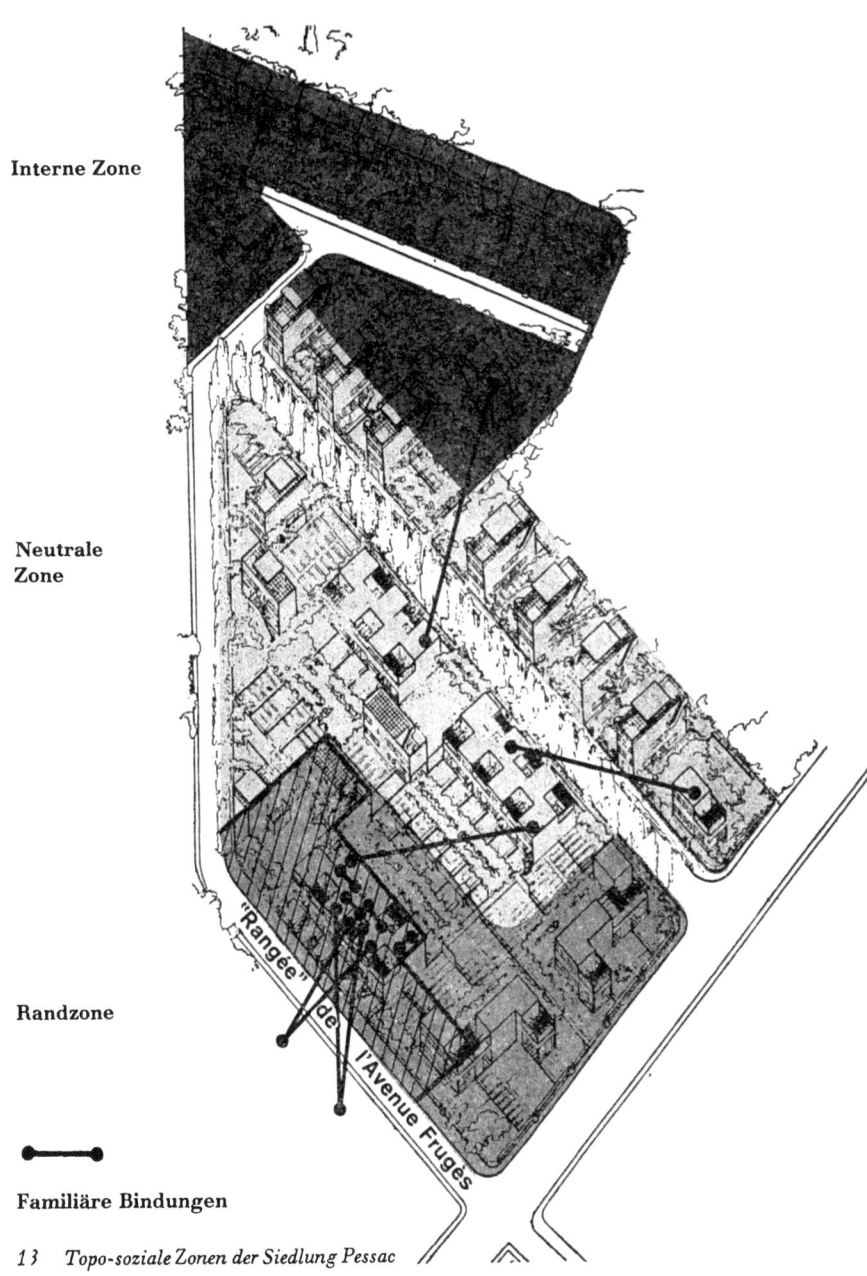

13 Topo-soziale Zonen der Siedlung Pessac

F-3 Meine Schwester wohnt gegenüber, und hier hat sie für unsere Kinder das Haus neben unserem gekauft, wo sie früher gewohnt haben.

Wenn man die verwandtschaftlichen Bindungen auf das Schema bezieht, kann man schließlich ablesen, auf wie engem Raum sie zusammengedrängt sind. Zwar gibt es auch anderswo in dem Viertel zuweilen verwandtschaftliche Beziehungen, aber die Dichte, in der sie in der Avenue Frugès vorkommen, ist bemerkenswert. Man ist versucht, diese Bindungen als das allgemeine Bestreben einer Randgruppe zu deuten, sich aus dem Viertel Frugès herauszuhalten und sich in dieser Randgruppenposition zu bestätigen. Denn wegen der Anlage des Viertels als Gebiet ohne Durchgangsverkehr sind diese Häuser die ersten, die man sieht, wenn man hier ankommt; sie liegen am weitesten außen, was es den Bewohnern sehr leicht machen würde, sich selbst auszuschließen: »Weiter als bisher geht man nicht«...
Diese Beobachtung scheint übereinzustimmen mit einer anderen, die man in einem abgegrenzten Gebiet innerhalb des Viertels machen kann. Dieses Gebiet steht im Gegensatz zu dem Randgebiet, in dem die Leute offenbar Freude am Leben haben. Anders als in den Randzonen findet man in dem Gebiet im Innern des Viertels in überraschender Häufigkeit Sozialfälle (Depressionen, Alkoholismus, Nervenkrankheiten, Selbstmord, Selbstmordversuche, Päderastie). Diese Fälle sind uns von einem Bewohner des Viertels, einem unparteiischen und ausgeglichenen Beobachter, in düsteren Farben geschildert worden:

»Herr X leidet beim Wechsel der Jahreszeiten unter heftigen Depressionen, die in jeder Hinsicht eine Gefahr für seine Familie sind. In Nr.... ist die Bewohnerin Alkoholikerin, ihr Sohn ist im Gefängnis. Der Herr in Nr.... leidet auch an ernsten und heftigen nervösen Krisen. In Nr.... war der etwa vierzigjährige Sohn, der tot ist, ziemlich anomal. In Nr.... hat sich vor zwei Jahren ein alter Mann umgebracht. Die alte Frau in Nr.... ist halb verrückt, sie hat schon versucht sich umzubringen, sie sucht sinnlosen Streit, besonders mit den Nachbarn gegenüber, sie ist gefürchtet im Viertel, sie scheut sich nicht, wegen einem Ja oder Nein Anzeige zu erstatten, und ihr Mann ist entweder im Gefängnis oder er hat Aufenthaltsverbot für hier... In Nr.... haben sie einen Sohn, der fast öffentlich Päderast ist, die Eltern schließen die Augen davor... Es handelt sich um *Fälle*, die ins Auge springen, sie drängen sich von selbst auf ... ich glaube nicht, daß es daran liegt, daß man hier nichts geheimhalten kann, ich glaube, daß sie in ihrer Bedeutung dem entsprechen, was man normalerweise in ziemlich armen Vierteln feststellen kann. Hier im Viertel werden die Sozialfälle gut integriert, es gelingt den Leuten, trotz ihrer Probleme auf relativ befriedigende Weise zusammenzuleben. Die, die sich isolieren wollen, isolieren sich, und die, die gute Nachbarschaft halten wollen, pflegen die Nachbarschaft. Die einzige Quelle des Unfriedens ist die Familie in Nr. . . . , aber wenn alle diese Leute in Mietblocks des sozialen Wohnungsbaus zusammengepfercht wären, ich glaube, das wäre die Hölle. Der große Erfolg des Viertels liegt für mich darin, daß es einerseits dicht genug ist, um die Isolation zu durchbrechen, und andererseits nicht so dicht, daß man sich gegenseitig auf der Pelle hockt. Man kann die Kinder gut überwachen, die Nachbarn sind eine Erweiterung der Familie, aber unter den Erwachsenen herrscht große Toleranz, die Leute werden akzeptiert so, wie sie sind ... alle diese Beobachtungen gelten nur für diesen Bereich der Siedlung: es gibt eine unsichtbare Grenze zwischen diesem Teil und dem Rest der Rue Le Corbusier, unsere Nachbarn von gegenüber wiederholen immer wieder, sie könnten in der Rue Le Corbusier nicht leben weil »sich alle herumzanken«...

Verblüffend ist die Übereinstimmung zwischen den sozialen Gegebenheiten und der räumlichen Ordnung, in der sie zu finden sind. Man kann feststellen, daß sich die Kategorien des »Innen« und des »Außen«, deren Bedeutung wir bereits hervorgehoben haben, auch wenn man sie auf die Siedlung bezieht, als absolut brauchbar erweisen. Denn die Siedlung ist tatsächlich in drei Zonen unterteilt: Es gibt eine Randzone mit freundschaftlichen sozialen Kontakten, die bisweilen sogar zu verwandtschaftlichen Beziehungen werden, eine neutrale Zone, in der alles »normal« erscheint, und eine innere Zone, in der es zahlreiche psycho-soziale Probleme gibt. Wir werden sehen, daß es eine Beziehung zwischen der Lage der einzelnen Häuser innerhalb des Viertels und der psychologischen und sozialen Lage der Bewohner gibt.

Die Wohnlage der Einwohner innerhalb des Viertels

Untersuchen wir daher nun die individuelle Wohnlage der Einwohner innerhalb des Viertels. Die Eigenart der Häuser, die durch die Normung gegeben ist, erscheint in dieser Untersuchung als Konstante, während ihre Lage die zweite Variable darstellt, die untersucht werden sollte, nachdem als erste Variable die verschiedenen Veränderungen an den Häusern in Erscheinung getreten sind. Wir werden später sehen, daß sich zwischen den Variablen – den Veränderungen an den Häusern und ihrer Lage –, die eine Variation des

Hauses nach zwei verschiedenen Richtungen hin bedeuten, eine bestimmte Wechselbeziehung feststellen läßt.

Die Übereinstimmung, die man zwischen dem Verhalten bestimmter Einwohner und ihrer Lage innerhalb der Topologie des Viertels feststellen kann, hat uns überrascht.

Nachdem wir auf die Bedeutsamkeit der Randlage einer bestimmten Häusergruppe bereits hingewiesen haben, werden wir zunächst aus zwei Interviews zitieren. Das erste wurde in dem zweiten Haus gemacht, auf das man stößt, wenn man in die Siedlung kommt. Da das erste Haus der Siedlung zu der Häuserzeile der Avenue Frugès gehört (s. F-6, S. 134), ist das zweite eines der am meisten isolierten Häuser: obwohl es faktisch zwischen zwei Häuser eingeklemmt ist, gehört es weder zu der einen noch zu der anderen Gruppe, zu der die Nachbarhäuser gehören.

Das zweite Interview, aus dem wir in Auszügen zitieren wollen, stammt dagegen aus dem Haus, das am tiefsten in dem als Sackgasse angelegten Teil der Siedlung liegt. Während die anderen Häuser am Ende der Siedlung, die »Arkaden«, der Außenseite den Rücken kehren und nur zum Inneren der Siedlung hin orientiert sind und den Raum abschließen, ja ihn eigentlich erst als Sackgasse erscheinen lassen, öffnet sich dieses Haus, das Haus ganz am Ende, als einziges nach außen hin. Aus diesem Haus hat man wirklich einen Blick aus dem Viertel nach außen, über die Bahnlinie hinweg, die die Grenze darstellt. Auf der Seite zum Viertel hin wird die Sicht durch hohe Bäume versperrt. Ebenso wie das vorher beschriebene Haus, aber auf andere Weise, ist dieses Haus von der Siedlung isoliert; es scheint sich zu weigern, ihr anzugehören.

Vergleichen wir also die beiden entsprechenden Interviews:

M-7 Wenn ich Ihnen sagen würde, daß ich drei Viertel der Siedlung nicht kenne ... zunächst einmal haben wir Dienst, das erlaubt uns nicht, die ganze Zeit hier zu sein (...) Ich sage Ihnen, das Viertel ist ruhig...
S Was ist das, das Viertel?
– Nun gut, das Viertel, sage ich Ihnen, ich habe es Ihnen schon gesagt, ich kenne es nicht so gut, das hat seine Gründe, bei unserem Dienst gehen wir entweder morgens weg und kommen abends zurück, oder wenn

M-21 Nun gut, die uns da gegenüber wohnen, ich habe einmal Gelegenheit gehabt, ihnen einen Gefallen zu tun, da haben sie natürlich mit mir gesprochen...
und ich habe mit ihnen gesprochen, natürlich, nicht wahr! weil ... andererseits ... das war alles, nicht wahr! Da hört's auf! ... Da hört's auf, was wollen Sie machen! ... Ich gehe morgens weg, ich fange um halb acht an, meine Frau auch, und mittags zum Essen bleibe ich auch dort, dann komme ich also

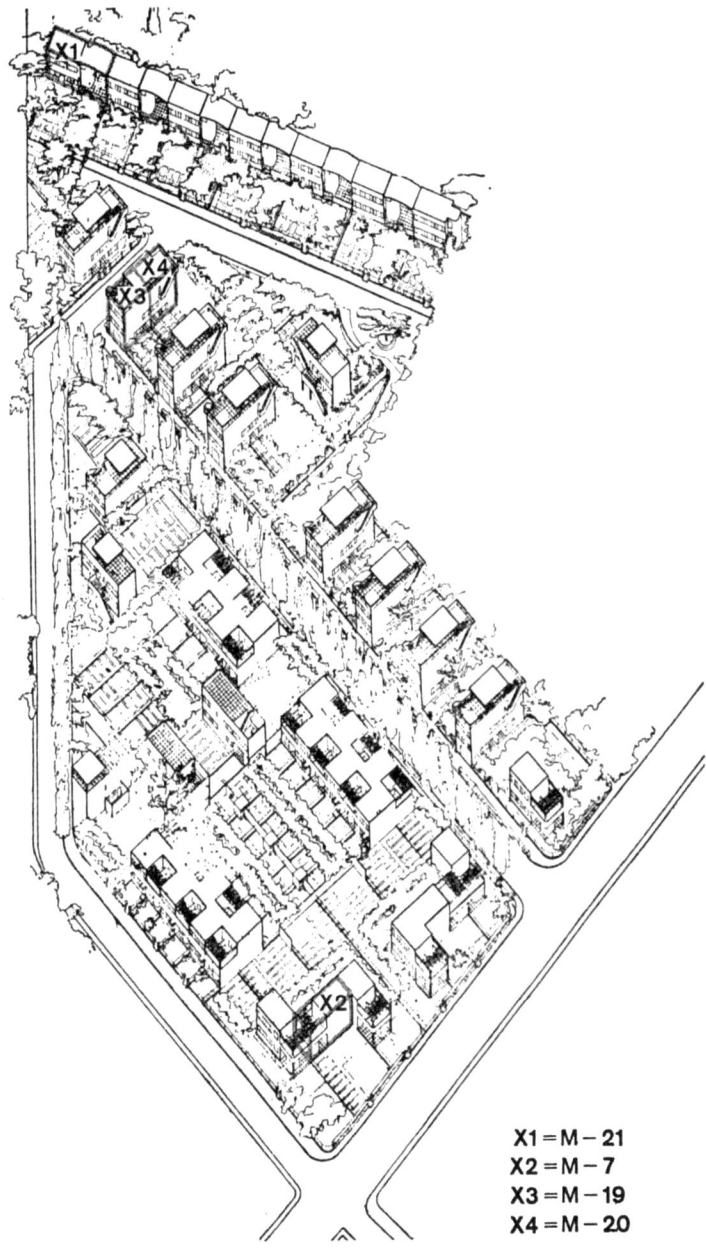

X1 = M − 21
X2 = M − 7
X3 = M − 19
X4 = M − 20

14 Interviews mit Bewohnern von Häusern in Schlüssellagen

ich Nachtdienst habe, gehe ich sofort schlafen, so daß ich Ihnen noch nicht einmal die Straßen sagen kann, die hier in der Nähe sind, oder die Leute; manchmal werde ich gefragt, die schicke ich lieber ein Stückchen weiter, dahin wo man sich auskennt im Viertel... Doch!... die nächsten Nachbarn! aber die anderen ... leider arbeite ich die meiste Zeit, also ich sage Ihnen, wenn man Nachtdienst hat, dann schläft man am Tag (...) gezwungenermaßen ... im ganzen gesehen ... jetzt sage ich, wenn jemand Hilfe nötig haben sollte, aber andererseits! wir haben sogar eine Nachbarin kennengelernt, die Mutter von einem kleinen Jungen ... die hat einen Unfall gehabt, und so haben wir sie kennengelernt, weil ich einen Wagen hatte, ich habe sofort den Wagen genommen, um ... also sehen Sie ... es waren besondere Umstände nötig!

abends nach Hause. Also abends, Sie kommen nach Hause, Sie schließen das Haus ab, und dann, sehen Sie! ... Das müssen Sie verstehen! Dadurch kenne ich im Grunde niemanden ... das ist klar! Sehen Sie, *ich beklage mich nicht über das Viertel!* ... darüber kann ich mich nicht beklagen! ... Was wollen Sie ... Ich habe den Wald nebenan, das Haus liegt sehr gut, ich habe Schatten, ich habe den kleinen Hof, den Garten, die Garage ... mir geht es gut, ich bin zufrieden ... *das Haus ist bequem...*

Die Parallele zwischen den Interviews und der Randsituation der Häuser ist erstaunlich. Fahren wir mit dem ersten Interview fort:

H-7   Aber andere Bekanntschaften pflegen, das kann man nicht, selbst beim besten Willen kann man das nicht! Dazu muß man sagen, daß ich abends spät fertig bin, so gegen ... und wenn ich abends spät fertig bin, dann bleibe ich morgens gerne länger liegen, ja gut! jetzt gehe ich arbeiten und komme abends um acht nach Hause, und morgen früh fange ich um fünf wieder an, obwohl morgen Sonntag ist ... bis mittags geht das. Also sehen Sie! ich bin ganz und gar draußen ... gezwungenermaßen, nicht wahr!...

S   Soweit ich das sehe, kommt es ... kommt es eher durch die Art Ihrer Arbeit, durch die Tageseinteilung, daß Sie in dieser Lage sind, ... dieser besonderen Lage, ... weniger eingeordnet ... in das Ganze ...

- Ja, das stimmt, ja, ja, das ist es ...
S Was ist denn dieses Ganze? ...
- Na ja, sozusagen alles ... alle Einwohner, alle, die in dem Viertel wohnen ... es ist klar, daß man vielleicht Kontakte haben könnte ... Ich weiß nicht ... Wissen Sie, ich sage Ihnen, ... das ist eine Frage, über die ich noch nicht so nachgedacht habe ... das hat sich nicht so angeboten ... Man muß leben, wie ... wie die Situation eben ist, und dann ... das ist alles ... Man versucht dann ... dann vielleicht sich zu arrangieren, aber da die Situation nun mal so ist, gibt es keine ... jedenfalls auf dem Gebiet ... es gibt noch genug andere Situationen, die man verbessern müßte, wo man sich kümmern müßte, als daß ... als daß ... man versuchen sollte ... Warum sollte man, wenn Sie so wollen, hingehen und versuchen, versuchen hinzugehen und zu diskutieren mit ... zum Beispiel mit den ... Nachbarn ... nur so ... man besucht sie dann mal, und dann werden es leicht fünf oder zehn Tage, daß man sich nicht wiedersieht ... oder fünfzehn ... nein! Das ist so, das ist nun mal so, nicht wahr ... jedenfalls auf dem Gebiet ... man schlägt sich genug mit Lohnfragen und all dem herum, da kann man sich nicht auch noch darum kümmern, ob man nicht die ... Beziehungen zu den Nachbarn verbessern sollte, wenn man bedenkt, daß das ... immerhin ziemlich schwierig ist ... und dann, »verbessern« ... wir stehen uns mit allen gut ... tja ... wenn jemand Ihnen einen Gefallen tut, tun Sie ihm ... natürlich ... auch mal einen, aber andererseits ... wird es oft genug vorkommen ... daß Sie keinen finden, nicht wahr ... (die Dienststunden) (...) wenn man einmal soweit ist, kann man keine Beziehungen zu den Nachbarn unterhalten ... das läuft doch von selbst so ...

Ein weiteres Anzeichen für diese Beziehung zwischen der Persönlichkeit und dem Verhalten des Bewohners einerseits und der Lage seines Hauses innerhalb der Siedlung andererseits findet sich in zwei anderen Interviews, die sich genauso ähnlich sind.
Das erste Interview stammt von jenem Einwohner, der sich sehr für Soziologie interessiert; wir haben ihn bereits zitiert und dabei festgestellt, wie wichtig der soziologische Aspekt in allen seinen Beobachtungen ist.
Bei unseren zahlreichen Besuchen in dem Viertel im Laufe der Untersuchung ist uns jedesmal die Lage seines Hauses am Ende der Avenue Frugès aufgefallen: Wenn man sich in der Siedlung fremd fühlt, erscheint es einem auf Grund seiner Lage wie ein Beobachtungsposten. Übrigens sah man dort auch häufig jemanden in den Zimmern

herumgehen und dabei einen Blick nach draußen werfen. Dieser Eindruck wurde von demjenigen geteilt, der mit uns zusammen die Untersuchung durchgeführt hat. In diesem Haus wurde deshalb ein Interview gemacht.

M-19 Die Wände haben Augen, was eine gewisse Kontrolle ermöglicht: Die Nachbarn können auf die Kinder aufpassen ... das trägt dazu bei, daß man sich gegenseitig hilft ... ein Fremder im Viertel fällt sofort auf ...

Ist die Beziehung, die sich zwischen der Lage des Hauses – an der Kreuzung der drei einzigen Straßen des Viertels – und der Persönlichkeit, oder besser der Lieblingsbeschäftigung des Bewohners herstellt, nicht bemerkenswert? Für den Soziologen ist dieses Haus ein idealer sozialer Beobachtungsposten, der es ihm erlaubt, die *soziale Kontrolle* auszuüben, von der er uns gerade bei den anderen berichtet. Deshalb beteuert er mit einer gewissen Subjektivität: »Die Nachbarn passen auf die Kinder auf«, was wir sonst nirgends gehört haben (während dieser Bewohner uns sagt, daß *er selbst* auf dem Gelände, das vor seinem Büro liegt, in den Streit von Kindern eingegriffen hat, und zwar ist das der Spielplatz mitten in der Siedlung ...).
Man findet diese Subjektivität, die man als lagebedingte Subjektivität bezeichnen könnte, noch deutlicher in der Aussage: »Die Abgeschiedenheit innerhalb des Viertels ist nicht Zurückgezogenheit ...« Das Haus des Befragten hat in der Tat einen Blick, der weit über die Eisenbahnschienen hinweggeht, obwohl es mitten in der Siedlung liegt, und deshalb ist es nicht beengt, wie andere Häuser in dem gleichen Gebiet es zuweilen sind. Es erscheint offensichtlich, daß der Befragte Reaktionen, die durch die Lage seines eigenen Hauses bedingt sind, auf die Gesamtheit des Viertels überträgt. Wenn man das in Zusammenhang bringt mit der Beobachtung, daß sich bei diesem Einwohner das gedachte Haus und das tatsächlich bewohnte Haus widersprechen – was eine Fähigkeit, von der Architektur zu abstrahieren, beweist – dann kann man annehmen, daß hier die Architektur auf den Städtebau übertragen wird, eine Beobachtung, die bei einem Soziologen nicht ohne Interesse ist.
Der Leser kann natürlich seinerseits unsere Interpretation anzweifeln – die des Architekten, nicht die des Soziologen – und sie für subjektiv halten! Wir werden deshalb versuchen, ihm unsere Eindrücke durch ein entgegengesetztes Beispiel zu verdeutlichen.
Es geht dabei nicht mehr darum, das ganze Viertel zu betrachten, sondern die Architektur des Hauses zu untersuchen; und zwar soll der enge Zusammenhang, der zwischen der starken Persönlichkeit des Hausbewohners und der Architektur bestehen kann, aufgezeigt

werden. Diese Beobachtungen haben wir im Aufbau unserer Untersuchung deshalb an diese Stelle gesetzt, weil sie den Bericht über die Beziehungen zwischen dem *Viertel* und der *Persönlichkeit* durchaus mit einschließen. Denn gerade die Tatsache, daß der Befragte praktisch nicht über das *Viertel* gesprochen hat, scheint uns wichtig, und wir überlassen es dem Leser, zu beurteilen, ob die hier wiedergegebenen Auszüge einen ausreichenden Beweis für unsere These darstellen.
Dieser Einwohner ist gerade dabei, sich ein Boot zu bauen, ein Segelboot:

M-20 Ja! im Juni wird es fertig; ich will weg, ich will damit mindestens bis zu den Kanarischen Inseln kommen... *man muß einfach mal ausbrechen...*
A Ohne Frau und ohne Kinder?... Interessiert das Ihre Frau nicht?...
– Überhaupt nicht... und die Kinder, für die ist das lebensgefährlich, *übrigens ist das Boot für einen einzelnen entworfen worden*... (...)
A Und Sie bauen es selbst...
– *Jeder möchte sein Boot selbst bauen...* so ein Schiff wie meins gibt es nur selten in Frankreich... ich bin ein Mensch, *der gezwungen ist, sich an andere zu wenden...*

Dieser Mann ist der Nachbar des oben zitierten Soziologen. Sie wohnen in demselben Doppelhaus. Der Gegensatz der Temperamente ist bemerkenswert; der eine der beiden Männer ist außerordentlich kontaktfreudig und interessiert sich in erster Linie für die Probleme des Viertels und die sozialen Beziehungen, und der andere hungert nach Einsamkeit, für ihn sind die sozialen Beziehungen ein *Zwang*. Die gemeinsame Lage ihres Doppelhauses, das jedoch nach verschiedenen Seiten hin orientiert ist, verdeutlicht diesen Gegensatz. Wir haben gesehen, daß sich aus dieser Lage die gegensätzliche Situation ergab, daß das Haus mitten im Herzen der Siedlung liegt, bei gleichzeitiger Öffnung nach außen. Der eben Zitierte kann in der Tat in das Innere der Siedlung gelangen, ohne in sie einzudringen:

M-20 Das Viertel ... ich fahre immer sehr schnell im Wagen daran vorbei, ich sehe nicht hin, ich fahre immer durch die Avenue Frugès...

Die Avenue Frugès liegt bekanntlich am Rande der Siedlung. Und wenn man erst einmal im Inneren dieser in einer Sackgasse endenden Siedlung ist (die für den Soziologen »eine abgeschlossenere Welt als

die anderen Viertel« darstellt), ist man da nicht in einer geschlossenen Welt, soweit wie möglich in Sicherheit vor der Außenwelt?
Aber noch abgeschlossener als das Viertel ist das Haus. Es ist festgestellt worden, wie sehr die Ästhetik und die Inneneinrichtung von Dampfern Le Corbusier inspiriert haben, und nach seiner Konzeption ist das Haus ja gerade eine Art Boot (das Thema ist in den Interviews wiederholt aufgetaucht). Bei diesem Einwohner ist das sehr wichtig: Seile, eine Boje, Seekarten, Holzmöbel und Holzvertäfelungen geben, obwohl sie diskret angebracht sind, der Inneneinrichtung einen eindeutigen Sinn. Im Inneren dieses Bootes ist man endlich frei, man braucht den Raum nicht mehr zu begrenzen, sich nicht mehr zu isolieren, der Raum muß offen sein: Der Bewohner hat daher alle Zwischenwände entfernt.

V   Und Ihre Pläne...
M-20 Hier habe ich schon eine Zwischenwand weggenommen... diese Wand, das war nicht gut. Ich weiß nicht, ob sie ursprünglich da gewesen ist oder ob mein Vorgänger sie gesetzt hat (tatsächlich ist das die Rückkehr zum durchgehenden offenen Innenraum Le Corbusiers und zum freien Grundriß)... aber das nimmt etwas vom Lebensraum weg, das hindert die Luftzirkulation, das verhindert, daß Licht hereinkommt, das verhindert, daß die Wärme aufsteigt... ich habe sie schließlich weggenommen...

Dann, bei der Hausbesichtigung, erklärt uns der Bewohner die Veränderungen, die er plant:

M-20 Also hier ... diese Zwischenwand kommt weg, diese Wand da! ... ich reiße sie ein ... hier, diese Wand reiße ich ein ... diese hier kommt auch weg ... damit der Raum größer wird ... damit man weniger eingeschlossen ist! ...

Er hat außerdem die Absicht, die Treppenbrüstung wegzunehmen, die aus massivem Beton besteht:

M-20 Das ergibt außerdem einen ästhetischen Effekt, wenn man ein schmiedeeisernes Geländer setzt ... das wirkt mehr ... tja ...
V   Das gibt mehr Transparenz? ...
–   Ja genau! Das ist es ... das gibt mehr Transparenz ...

Im Endeffekt findet dieser Mann – der Le Corbusier nicht kennt und auch niemals von ihm hat reden hören, da er ein bißchen abseits

lebt – in seinem Haus das Haus seiner Träume, das er uns als ein Gehäuse beschreibt, das ihn vor der Außenwelt beschützen und in Sicherheit bringen soll und in dessen Innerem mobile Zwischenwände einem erlauben zu tun, was man will, ein bißchen wie das japanische Haus, aber mit einem größeren Schutz vor der Außenwelt.
Man versteht nun, warum das Haus so schnell gekauft worden ist:

M-20 Vom Ästhetischen her ... gefiel mir das nicht, vor allem nicht das Äußere ... aber ich habe sofort die Möglichkeiten gesehen, die sich dort für mich ergaben ...

Es hat uns zunächst erstaunt, daß ihm das Haus »vom Ästhetischen her« nicht gefiel. Wir bekamen darauf die folgende Antwort:

M-20 Diese Häuser sahen ein bißchen nach ... *Dampfschiffen* aus, für meinen Geschmack ...
V   Aber Sie scheinen doch Schiffe zu lieben ...
–   Ja, aber bei der Marine machen wir einen Unterschied zwischen Dampfschiffen und Segelbooten, das ist Tradition, bei den Seefahrern hat es immer einen starken Gegensatz zwischen den Leuten von den Segelbooten und denen von den motorgetriebenen Schiffen gegeben ... diese Leute können sich nicht riechen ...

Zweifellos ist das der Punkt, an dem die Konzeption Le Corbusiers und die des Bewohners nicht übereinstimmen. Man kann darauf wetten, daß dieser Mann es nicht ertragen würde, auf dem Dampfschiff der Cité Radieuse in Marseille zu leben, während er hier, auf diesem Boot im Familien-Maßstab, den sozialen Zwang nicht mehr spürt:

–   Schließlich ist es ein Haus, das mir viele Veränderungsmöglichkeiten bot ...

Und selbst in diesem ein wenig von der Außenwelt abgeschnittenen Viertel, in diesem vor der Außenwelt beschützten Haus ist es noch möglich sich abzukapseln: ein Zimmer, das auf der Terrasse eingerichtet worden ist, eine Art Kommandoturm, der dem Kommandanten des Schiffes vorbehalten ist, macht es möglich sich zurückzuziehen, wie es der Bewohner des Hauses einmal für mehrere Tage getan hat. Obwohl sich dieses Kapitel mit dem *Viertel* befaßt, ist es wichtig, an dieser Stelle eine Analyse zu bringen, die sich mit der architektonischen Konzeption beschäftigt. Es erweist sich hier nämlich einmal mehr, das die Probleme des Städtebaus und die der Architektur eng

miteinander verbunden sind und daß man ununterbrochen vom einen zum anderen übergeht. Im übrigen scheint aus dem zitierten Interview hervorzugehen, daß das Desinteresse des Bewohners an den Problemen des Viertels, die beispielhaft für die soziale Problematik sind, in einem direkten Zusammenhang steht mit seinem Verhalten der Architektur gegenüber.
Schließlich schien uns der *Gegensatz* der Temperamente bei zwei Bewohnern des gleichen Doppelhauses, das sich in derselben räumlichen Situation innerhalb des Viertels befindet (ein Gegensatz, der – um genau zu sein – keineswegs ein ausgezeichnetes nachbarliches Verhältnis zwischen den beiden Familien ausschließt), der Punkt der Analyse zu sein, der am notwendigsten erhellt werden müßte.

Die Lage der Häuser im Viertel und die Veränderung der Häuser

Es schien also notwendig zu untersuchen, ob irgendein Zusammenhang besteht zwischen der Lage der Häuser im Viertel – deren Wichtigkeit uns bewußt geworden ist – und den Veränderungen, die an den Häusern vorgenommen worden sind.
Die nächstliegende Hypothese, die man a priori aufstellen konnte, war die, daß die äußeren Veränderungen eine Antwort auf die Normung seien, was bedeutet, daß der Wunsch besteht, die Häuser persönlicher zu gestalten. Man konnte also aufgrund dieser Ausgangshypothese annehmen, daß die Veränderungen sich mehr oder minder nach der Lage der Häuser innerhalb des Viertels richten, wobei die am wenigsten markanten Lagen von vornherein die stärksten Reaktionen auslösen würden. Und das würde gleichzeitig den Einfluß der Situation anzeigen.
Diese letzte Beziehung wurde nachgeprüft, ergab aber einen Widerspruch zu der Ausgangshypothese. Denn es konnte zwar nachgewiesen werden, daß ein Zusammenhang zwischen den Veränderungen und der Situation bestand, aber in genau umgekehrtem Sinne, als wir angenommen hatten: eine genaue Statistik ist bei 51 Häusern kaum möglich, aber es scheint tatsächlich so zu sein, daß diejenigen Häuser die auffallendsten äußeren Veränderungen zeigen, die durch ihre Lage ein gewisses Potential an Individualität haben: so als ob die Veränderung lediglich der Ausdruck einer unterschwellig vorhandenen persönlichen Prägung wäre und nicht der Versuch, die Normung persönlicher zu gestalten, wie wir ursprünglich angenommen hatten. Übrigens haben wir ja bereits weiter oben festgestellt, daß die Normung von den Bewohnern gar nicht so empfunden wird, wie man hätte erwarten können: das bestätigte die neue These.
Wir haben versucht, diese Beziehung zwischen der charakteristischen,

bestimmten Lage einzelner Häuser und den entsprechend starken Veränderungen nachzuweisen, indem wir die verschiedenen Hauseinheiten auf einem Schemaplan eingetragen haben: nach einer gewissen Anzahl von Kriterien – dem Reihenhaus-Typ, der Anzahl der Stockwerke, der Straße, an der sie liegen, und der Tatsache, ob sie zur Straße hin orientiert sind oder nicht – kann man eine gewisse Anzahl von Hauseinheiten unterscheiden, die sich zuweilen überschneiden: die Überschneidungen betreffen diejenigen Häuser, die gleichzeitig mehreren Gruppen angehören und sich so von den weniger individuellen Untergruppen unterscheiden. Es erweist sich nun tatsächlich, daß die auffallendsten äußeren Veränderungen den Überschneidungen entsprechen, das heißt, daß sie sich an den Häusern finden, die schon von vornherein bestimmte charakteristische Merkmale besaßen.

Auch hier wird diese These durch die Übereinstimmung von Beobachtungen und Interviews erhärtet. Man kann zum Beispiel beobachten, daß der Begrünung in bestimmten Schlüssellagen eine ganz besondere Aufmerksamkeit geschenkt wird; dem entspricht, daß die Garteneinfassungen, meist Metallgitter, mit einer Hecke abgepflanzt sind, wenn sie eine ganz bestimmte Lage im Viertel einnehmen.

In solchen Schlüssellagen ist meist die *Ecke* noch besonders hervorgehoben – das kann man auch in anderen Siedlungen beobachten –, und man ist verblüfft von der Übereinstimmung zwischen der räumlichen Situation und dem, was wir die soziologische Situation nennen: sowohl asoziales Verhalten der Einwohner als auch die Rolle des Katalysators, die andere für die Beziehungen innerhalb des Viertels haben, findet man am häufigsten in diesen extremen Lagen. (Halten wir noch einmal fest, daß ein und derselben Lage entgegengesetzte Eigenschaften zugeordnet sein können.)

Diese charakteristischen Eigenschaften haben wir regelmäßig in der einige Kilometer vom Viertel Frugès entfernten Siedlung »Papst Clemens« wiedergefunden, wo wir einige Personen befragt haben:

V	Kennen Sie die Leute von der Ecke dahinten?
EXT.	
F-32	Die sind sehr ... zunächst einmal sind sie nie da! Und dann... *sie sind nicht so sehr gesellig ...*
V	Sie machen einen Unterschied zwischen denen von der Ecke und den anderen.
–	O ja! immerhin! ... das hängt von den Leuten ab, manche Leute sind mehr oder weniger ...

Die Leute von der Ecke sind anders:

EXT.
M-30 Also die Farben (des Balkons), sehen Sie! ich habe sie wieder so gemacht, wie sie waren ... die ursprünglichen Farben ... aber also der *an der Ecke*, der hat es nicht wieder genauso machen wollen, der wollte sich unterscheiden, zweifellos, und dann ist es ja auch so viel einfacher, wenn jemand ihn besuchen kommt, kann er sich nicht im Haus irren, tja ...
(Der Bewohner an der Ecke hat seinen Balkon in lebhaftem Rot gestrichen.)

Man beachte den Ausdruck: »der an der Ecke, der ...«.
Aber es wird deutlich, daß dieser Interviewpartner selbst gerne in dem Eckhaus gewohnt hätte:

V Sie haben nach Zeichnungen ausgesucht ..., und als Sie dann hierher gekommen sind, war das so, wie sie es erwartet hatten? ...
EXT.
M-30 Es war so, wie ich es erwartet habe ... das heißt ... ich hätte gerne ein Haus am Ende gehabt, wissen Sie ... und ich habe kein Haus am Ende gefunden, nicht wahr! ... ich war gezwungen, ein Haus wie dieses hier zu nehmen ... aber mein Traum, das wäre ein freistehendes individuelles Haus gewesen ... .

Jedoch ist für diesen Bewohner die Lage seines Hauses in einer Zeile an der Grenze der Siedlung – wie im Viertel Frugès, wo wir die Eigenständigkeit einer ganzen am Rande liegenden Häuserzeile festgestellt haben – eine Kompensation:

EXT.
M-30 Hier ist es besser als mitten in der Siedlung; nach vornhinaus ist niemand, da ist nur ein Platz, und dann die Weinberge, nicht wahr! das ist schon ... man fühlt sich ein bißchen ... ein bißchen freier ... weil ich immer die Unabhängigkeit geliebt habe, wissen Sie ...

Merkwürdigerweise würde dieser Bewohner, wenn er ein Haus am Ende hätte, vielleicht Veränderungen daran anbringen, während er jetzt nicht vorhat, etwas zu verändern (s. S. 130):

– Wenn ich ein Haus ... am Ende hätte, würde ich vielleicht versuchen, die Garage herzurichten, sehen Sie ... einige haben das gemacht ...

Ein anderer Einwohner bietet ein Beispiel für einen übersteigerten Geselligkeitstrieb: er wollte ursprünglich in einem Haus am Ende einer Zeile und am Rande des Viertels wohnen, und er wohnt jetzt (das war die zweite Möglichkeit) am Ende einer Zeile, aber mitten in der Siedlung, an der Ecke der Straße, die auf den zentralen Platz mündet:

EXT.
F-32 Es ist so gekommen, daß wir hier einen kleinen Kern bilden ... wir trinken oft einen Aperitif zusammen ... an Silvester feiern wir zusammen mit einer Gruppe von Nachbarn ... wenn ich mir überlege, warum das so ist, dann würde ich sagen ... das geht von mir aus ... das ist eine Frage der Gewohnheit, sehen Sie! ... man hat sich an eine kleine Clique gewöhnt ...
V Im großen und ganzen sind Sie es, die die sozialen Beziehungen zwischen den Nachbarn in Gang halten ...
– Ja, ja, ein bißchen ist es so ...

In ähnlicher Weise stellen sich nach den Interviews die Positionen im Viertel Frugès dar, und sogar das Fehlen von Interviews ist bezeichnend ... die Weigerung, an einer Unterhaltung teilzunehmen, die wir manchmal erfahren haben, kam nämlich gerade aus den Wohnanlagen im Innersten des Viertels (siehe den Gesamtplan S. 65). Gleichzeitig fanden die längsten Interviews in nicht weniger markanten Wohnlagen statt. Ebenso kann man, auf die Häusergruppen bezogen, feststellen, daß z.B. eine ganze Zeile Interviews geliefert hat, bei der sich offenbar wirklich ein Kontakt hergestellt hat, während sich in einer anderen Zeile, mit Ausnahme der beiden Häuser am Ende (19 und 20), kaum eine Kommunikation ergeben hat. Bei der hinteren Zeile ist es ähnlich, wieder mit Ausnahme des letzten Hauses (21).
Gleichermaßen schien es uns bezeichnend, daß diejenigen Häuser, die ihre ursprüngliche Farbgebung behalten haben, das heißt also diejenigen, die am wenigsten verändert worden sind, sich mitten in einer im Innern des Viertels gelegenen Häuserzeile befinden (siehe den Plan). Die Einwohner am Eingang des Viertels spüren übrigens deutlich die Zurückgezogenheit der Häuser im Inneren:

M-8 Die Häuser dahinten wirken zurückgezogen, *man würde sagen, daß sie dahin gesetzt worden sind, um die Siedlung abzuschließen.*

Noch einmal bestätigen die Interviews die Wichtigkeit des Lagefaktors:

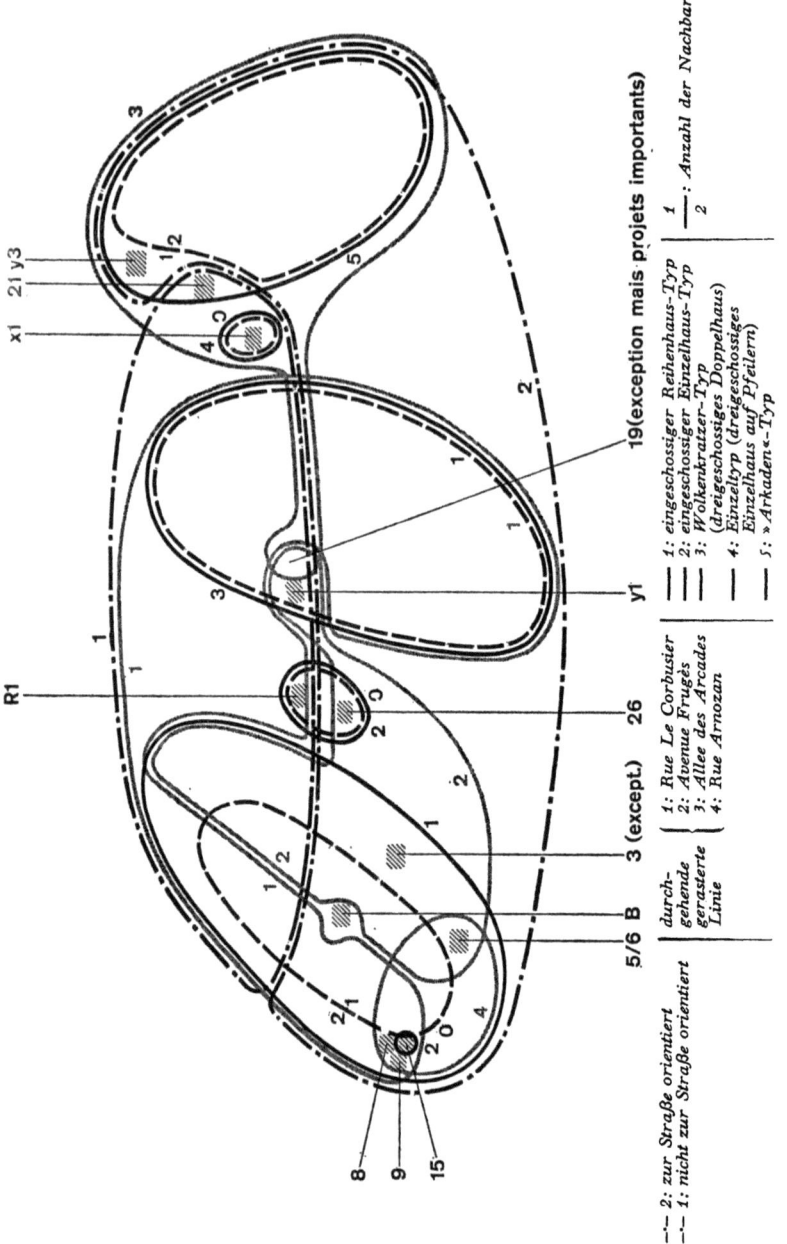

15 Diagramm der verschiedenen Gruppen von Häusern mit Veränderungen, in der Überschneidung der Gruppen gezeigt

V   Sie haben eine Ecklage hier ...
F-10 Was sehr angenehm ist (die Befragte schließt sofort an), leider ist es sehr feucht, das Unangenehme ist die Feuchtigkeit hier... man kann eben nicht alles haben ... wenn das Haus mir gehörte, würde ich es neu decken lassen. (Nach unserer These hätte dieses Haus verändert worden sein müssen: Man sieht jedoch, warum es das nicht ist und daß es andererseits gut hätte so sein können.) ... ...
Nur gerade ein gutes Wetterdach hier und dort, leider bin ich nicht die Besitzerin, das ist sehr schade, denn *dieses Haus hier könnte man gut herrichten.*
V   Warum dieses hier ...
–   Weil es das Eckhaus ist ...

Ebenso hatte die Bewohnerin eines anderen Eckhauses viele Veränderungen angebracht:

F-6 Nachdem es einmal hergerichtet war, war es das schönste Haus im ganzen Viertel (...) Dort, da waren Rolläden aus Metall, weil man da einen Kolonialwarenladen eingerichtet hatte, einen Lebensmittelladen, nicht wahr, an der Ecke ... (...) ... mir hat es dort gleich gefallen, mir ist die Wahl nicht schwer gefallen.

In einem anderen Haus, das unserer These zu widersprechen schien, wurde uns gesagt:

M-15 Wenn Sie nächstes Jahr wiederkommen, werden Sie es nicht wiedererkennen, es wird vollständig verändert sein ...
(Im besonderen plant dieser Bewohner eine äußere Treppe, um auf die Terrasse zu gelangen.)

Dieser Fall widersprach unserer These übrigens nicht ganz: um den Eckpfeiler des Hauses war sehr prächtig ein Baum gewunden, der bis zur Terrasse hinaufreichte und die Ecklage des Hauses betonte.
Schließlich schien aber ein letztes Haus auf ganz andere Art unserer These einer Beziehung zwischen der Lage und den Veränderungen zu widersprechen: Es war in seinem äußeren Anblick außerordentlich stark verändert worden, aber es hatte keine außerordentliche Lage, außer daß es zu der beschriebenen, am Rande gelegenen Zeile gehörte. Wir hörten in diesem Haus, daß man es anläßlich einer Kinderkommunion verändert hatte. Das war eine einmalige Veränderung der räumlichen Situation zu einem ganz bestimmten Zeitpunkt (Foto 61).

Bei dieser Beziehung zwischen der Situation des Hauses und seiner Individualität scheint uns schließlich das Wichtigste der Nachweis zu sein, daß eine Wechselwirkung besteht zwischen der Form, die dem Raum gegeben wird, und den Reaktionen und dem Verhalten der Bewohner. Es gibt eine Entsprechung zwischen dem Ausmaß der Kollektivierung des Raumes und dem Grad der Kollektivierung der Bewohner.
Es ist vorgekommen, daß einzelne Bewohner selbst von den erzieherischen Qualitäten, die die Wohnform für die Kollektivität haben kann, gesprochen haben.

EXT.

M-26 Hier wollte jeder seine Persönlichkeit durchsetzen ..., aber man muß lernen miteinander zu leben... Ich wohne in einem Häuschen in einem Vorort von Paris, meine Kinder sind viel zu frei, ... sie lernen nicht, in einer Gemeinschaft zu leben ... (...)

V Sie glauben, daß die Wohnform die Persönlichkeit prägt ...

– Ja! das glaube ich! ... man muß den Leuten beibringen, was das ist, die Gemeinschaft, weil alles, was etwas gebracht hat, immer aus der Gemeinschaft gekommen ist, also ... und die Stadt, das ist das Kollektiv ... die Vororte wie hier, die sind gut für Rentner ... die Stadt, die repräsentiert die Arbeit ...

Diese Wechselbeziehung zwischen Sozialraum und gebautem Raum bliebe zu untersuchen.

> »Man kann lange beschreiben,
> was man sieht; das, was
> man sieht, findet sich nie in
> dem wieder, was man sagt,
> und man kann lange das, was
> man sagen will, in Bildern,
> Metaphern und Vergleichen
> sichtbar machen; der Ort, wo
> diese ihren Glanz verbreiten,
> ist nicht der, den die Augen
> erfassen, sondern der, der
> durch die syntaktischen
> Abfolgen definiert wird ...«
> M. Foucault

Zusammenfassung

Über die Monographie von Pessac hinaus konnten an diesem Beispiel die Probleme der Normung, des Funktionalismus und der Semiotik der Architektur, die sich allgemein der Architektur und dem modernen Städtebau stellen, bis zu einem gewissen Grade erhellt werden. Dabei sind neuartige Probleme in Erscheinung getreten, die man als »soziale örtliche Gegebenheiten« oder als »Toposoziologie« bezeichnen könnte und die eigentlich weitere Untersuchungen erfordern würden. Sowohl die Persönlichkeit seines Urhebers als auch der Zweck, zu dem es errichtet worden ist, geben dem Projekt von Pessac eine Stellung in der Geschichte der Architektur, die es für die Analyse dieser Probleme besonders geeignet macht. Vierzig Jahre später stellen sich die Fragen, auf die Le Corbusier 1925 eine Antwort gesucht hat, nicht wesentlich anders dar. Einige Punkte sind genauer untersucht worden.

Zunächst einmal ist der »Mißerfolg von Pessac« widerlegt worden. Die architektonischen Veränderungen bedeuten letzten Endes eine positive und nicht eine negative Weiterführung der ursprünglichen architektonischen Konzeption. Denn wenn man Pessac als einen Mißerfolg ansehen wollte, müßte man zugeben, daß gewisse Bedürfnisse des Wohnens nicht befriedigt worden sind. Aber ganz im Gegenteil scheint Pessac diese Bedürfnisse erst offenkundig gemacht zu haben, in dem Maße, in dem es den Einwohnern erlaubt hat, sie zu befriedigen. Die Beziehung zwischen dem ursprünglich individuellen Charakter gewisser Häuser und den nach und nach vorgenommenen

Veränderungen und Umbauten macht, auf das Niveau des ganzen Viertels übertragen, dessen außerordentlich eigenständigen Charakter deutlich. Hier ist eine eigene kleine Welt entstanden, die – abgeschlossen und offen – eine Individualität besitzt, die zu untersuchen uns aufgetragen war. Umgekehrt hat die Tatsache, daß die unpersönlichsten Häuser und Gebiete des Viertels viel weniger markante Veränderungen aufweisen, uns zum Bewußtsein gebracht, daß eine kollektive Wohnform die individuelle Reaktion nicht auslöst, sondern eher erstickt. Zweifellos sind die Wohnblocks von Maine-Montparnasse weniger Veränderungen unterworfen, aber auch weniger veränderbar als die Häuser von Pessac; und es ist unwahrscheinlich, daß man dort eines Tages Giebel oder Blumenkörbe wird aufblühen sehen. Aber das Scheitern der Architektur bleibt dort unbemerkt.
Im übrigen hat Le Corbusier nicht nur Pessac gebaut. In den »Unités d'habitation« stellt sich das Gleichgewicht zwischen individuellen und kollektiven Wohnformen – wenn es überhaupt ein Gleichgewicht gibt – zweifellos in ganz anderer Form her. Dabei kann man sich fragen, ob der »Mißerfolg von Pessac« (so wie Le Corbusier ihn sah) nicht einige Wirkung auf seine im folgenden entwickelten Konzeptionen gehabt hat.
In der Architektur gibt es keine völlige Übereinstimmung zwischen dem *Sagen* und dem *Tun*. Für den Künstler bedeutet Tun im wesentlichen, zu sehen, was er tut, und diese ausgesprochene Dualität der beiden Vorgänge findet sich in dem Satz von Le Corbusier:

»Man muß immer sagen, was man sieht, und, was noch mehr ist, sehen, was man sieht.«

Was noch mehr ist, in der Tat, denn es scheint so, als sei das, was den Architekten ausmacht, die Tatsache, daß er betrachten und sehen kann.
Aber der Bewohner verbringt sein Leben nicht damit, sein Haus zu betrachten, er lebt darin. Wir zitieren hier einen Architektur-Kritiker, der sich 1959 an Pessac erinnert:

»Ich saß auf dem Dachgarten eines dieser Siedlungshäuser im Schatten eines dichtbelaubten Ahornbaumes und konnte sehen, wie die Sonne Lichtflecken auf der havannabraunen Wand spielen ließ. Der einzige Zweck dieser Mauer bestand darin, einen Sichtschutz zu bilden, die Gebäude gegenüber konnte man kaum wahrnehmen. Das links von mir war eine einfache, blaßgrüne Fläche ohne Sims und Regenrohr. Eine längliche Maueröffnung, ebenso wie die, durch die ich hindurchsah, zerteilte die Fläche. Hinter dem grünen Haus und rechts von ihm standen Häuserzeilen mit kaffeebraunen Fassaden und cremefarbenen Seitenwänden, und dahinter erhoben sich die Gipfel der blauen Wolkenkratzer*.«

Man ist sich dessen bewußt, daß er mit seinen künstlerischen Betrachtungen hundert Meilen von den tatsächlichen Sorgen der Einwohner entfernt ist (und übrigens zweifellos sehr viel weiter, als Le Corbusier es war).
Zweifellos besteht das Genie Le Corbusiers zum großen Teil darin, daß er verstanden hat, daß Architektur nicht nur *ausgeführt*, sondern auch *ausgesprochen* werden muß. Seine Wortschöpfungen in seinen unzähligen und unermüdlichen Schriften beweisen das, wie die Ausdrücke »cité radieuse« (Strahlende Stadt), »unité d'habitation« (Wohn-Einheit), »usine verte« (Grüne Fabrik), »immeuble-villa« (Einfamilien-Miethaus), »maison-outil« (Werkzeug-Haus, das Haus als Gebrauchsgegenstand), »machine à habiter« (Wohnmaschine), »trois établissements humains« (die drei menschlichen Grundvoraussetzungen), »quatre fonctions de l'urbanisme« (die vier Funktionen des Städtebaus), »cinq points-clé de l'architecture moderne« (die fünf Schlüsselaufgaben der modernen Architektur), »sept voies de communication« (die sieben Wege der Kommunikation) usw. ...
Andere Architekten haben das übrigens auch begriffen. Aber bei Le Corbusier ersetzt das »Sagen« nicht das »Tun«, wenn man seinen Werken Glauben schenkt, und dasselbe sagt auch ein Satz seiner Mutter, von dem er uns berichtet und der keinen Sinn ergäbe, wenn Le Corbusier nicht selbst die Schwierigkeit des Tuns erfahren hätte, und das heißt im Endeffekt, die Schwierigkeit des künstlerischen Schöpfungsvorganges:

»Meine Mutter sagte zu mir: Tue, was du tust!«

Die Diskrepanz zwischen dem Verhalten und den Worten der Einwohner haben wir wiederholt aufgezeigt. Und das war oft nicht nur eine Diskrepanz, sondern sogar ein Widerspruch. Und ebensowenig, wie zwischen den Absichten und den Handlungen des Architekten eine vollkommene Übereinstimmung besteht, gibt es eine Übereinstimmung zwischen dem tatsächlichen Verhalten der Einwohner und ihren verbal geäußerten Reaktionen. Und da die Dinge für sich selbst sprechen, ergibt die Beobachtung hinter der Diskrepanz der Sprache – sowohl des Architekten als auch der Einwohner – eine Übereinstimmung in den Handlungen: Le Corbusiers offene architektonische Konzeption und der Gebrauch, den die Bewohner davon machten.

* Steen Eiler Rasmussen, »Experiencing architecture«. Cambridge, 1959, S. 95.

Diese Übereinstimmung in den Handlungen – den Handlungen des Architekten und den Handlungen der Bewohner – scheint die Folge einer gemeinsamen Kombinatorik der Einwohner und des Architekten beim Spiel der Veränderungen und beim Spiel des Konzipierens zu sein. Die Spielregel, die Le Corbusier in Pessac vorgeschlagen hat, erwies sich als fruchtbar und reich an Möglichkeiten.
Die Spielregel bestand im wesentlichen in der Normung. Da Form und Größe der einzelnen Elemente feststanden, blieb nur noch, mit der Anordnung der Elemente zu spielen, was die Einwohner bei den einzelnen Häusern und der Architekt im Maßstab der ganzen Siedlung getan haben. Mathematisch bietet diese Geometrie der Anordnung der Elemente zahlreiche Möglichkeiten, die Elemente differenziert anzuwenden. Diese Topologie war übrigens eine andere Spielregel in unserer Untersuchung: Die Ökologie, die wir anfangs untersucht haben, wurde zur Topologie. Nach und nach hat sich die Bedeutsamkeit des *Lage-Faktors* herausgestellt, der mit den grundsätzlichen Begriffen der Offenheit und der Geschlossenheit, des Außen und des Innen definiert werden konnte. Die Gegensätze werden vor allem durch ihr Verhältnis zueinander definiert: Bevor man schwarz oder weiß ausspielt, muß man den Gegensatz schwarz-weiß ausspielen. Deshalb fragen wir hier auch nicht, ob die Architektur Le Corbusiers geschlossen oder offen ist, sondern wir stellen lediglich fest, daß diese Architektur sich wesentlich auf den Gegensatz von innen und außen stützt oder, was auf dasselbe hinausläuft, auf den Gegensatz von offen und geschlossen, durch den der Raum grundsätzlich bestimmt wird. In dem Maße, wie der Raum gedacht werden kann oder wie der Gedanke in Raum umgesetzt werden kann, erleichtert der Gegensatz von offen und geschlossen eben jenen Übergang vom Raum – der Architektur – zum Gedanken. Die Frage, ob die Architektur Le Corbusiers offen oder geschlossen ist, bleibt also unbeantwortet:

S   Wenn ich recht verstanden habe, gibt es eine architektonische Konzeption, die abschließt, und eine, die öffnet, von der man annimmt, daß sie den Raum öffnet, unter der Voraussetzung – wenn ich das immer noch richtig begriffen habe –, daß man die Möglichkeit hat, sie zu realisieren ... Wie kann man beschreiben, was man tun müßte, um eine völlig geschlossene oder völlig offene Architektur zu erhalten?

A_2 Die begrenzende Architektur, kann man die darstellen? Kann da jemand etwas vorschlagen?

B   Es gibt sicher sehr viele Beispiele.

A_2 Ja, sicher. Die, die zuschnürt ... Meiner Ansicht nach schließt sie sowohl den äußeren Raum wie den inneren Raum ab durch ihre Anordnung, ihre Starrheit nicht im Sinne einer

konsequenten Form, sondern von Unbeweglichkeit, durch diese Art monumentaler Präsenz; selbst bei kleinen Objekten, zum Beispiel bei einer Vorortvilla, von denen man hier eben gesprochen hat. Das ist sicherlich eine Architektur, die Abgeschlossenheit bewirkt. Aber vielleicht entspricht gerade das den Wünschen der Leute; vielleicht ist es das, was sie im Grunde wollen. Im Grunde weiß ich nicht, ob sie sich so sehr wünschen, mit Lego-Steinen zu spielen.
Mit der offenen Architektur ist es schwieriger. Ausgenommen das Zelten; aber auch das ist ja eine begrenzende Bauart.

J Die, die unter den Brücken leben, das ist eine extrem offene Architektur!

A₂ Selbstverständlich! Die Natur hat eine extrem offene Architektur geschaffen, noch offener als die Brücken.

V Aber Pessac, ist das offen oder geschlossen?

A₂ Ich glaube, die Architektur Le Corbusiers war eher geschlossen.

V Aber Pessac. Das ist doch ein Beispiel für die Architektur Le Corbusiers, also bleiben wir dabei. Wir haben sämtliche Unterlagen.

A₂ Wenn man sich an die Stelle Le Corbusiers vor vierzig Jahren versetzt, dann hat er sicherlich in gewissem Maße eingegrenzt. Wenn man dann aber die Fotos ansieht, die er uns vorlegt, dann ist da ein Mann, der träumt, oben auf einer Terrasse. Ich glaube, daß er die Unbeweglichkeit seines Werkes begriffen hat, und daß er gehofft hat, auf den Dachgärten würde man den freien Raum wiederfinden.

Anhang

Rede Le Corbusiers zur Einweihung der
»Quartiers Modernes Frugès«

Technische Erläuterungen Le Corbusiers, vorgetragen anläßlich des offiziellen Besuchs des Ministers für öffentliche Arbeiten, de Monzie, in den »Quartiers Modernes Frugès« in Pessac (Bordeaux) am 13. Juni 1926:

... Herr Frugès hatte uns gesagt: »Ich bevollmächtige Sie, Ihre Theorien bis zur letzten Konsequenz in die Praxis umzusetzen; ich möchte Ergebnisse erzielen, die tatsächlich die Reform des preisgünstigen Wohnbaus vorantreiben: Pessac soll ein Laboratorium sein. Ich bevollmächtige Sie, ganz und gar mit allen Konventionen zu brechen und die traditionellen Methoden aufzugeben. In einem Wort: ich beauftrage Sie, einen Entwurf anzufertigen, die entsprechenden Normen zu finden, die Mauern, die Decken und die Dächer in äußerster Stabilität und Solidität zu errichten, und mit Hilfe der Maschinen, die zu kaufen ich Sie bevollmächtige, eine wirkliche Rationalisierung der Baustelle durchzuführen. Sie werden diese Häuser mit einer Innenausstattung versehen, die sie angenehm und bequem zu bewohnen macht. Und die Ästhetik, die sich aus Ihren Neuerungen ergibt, wird die Ästhetik der Gegenwart sein und nicht mehr die der traditionellen Häuser, die teuer in der Errichtung und teuer im Unterhalt sind. Die Reinheit der Proportionen wird ihre wahre Sprache sein.«
Wir haben in Pessac die gleichen neu entwickelten Stahlbeton-Konstruktionen angewandt wie bei unseren Pariser Bauten (Privathäuser, Villen usw.), besonders die Beleuchtung der Räume ist die gleiche, weil wir glauben, daß ein sogenanntes preiswertes Haus eine genauso klare Zelle sein muß wie ein luxuriöses Pariser Privathaus. Die moderne Stahlbeton-Technik führt ganz von selbst dazu, die hölzernen Dachkonstruktionen abzuschaffen und durch eine begehbare Terrasse zu ersetzen, die wir mit Blumen und Sträuchern bepflanzt haben. Das ist eine der einschneidendsten Neuerungen, die der Stahlbeton ermöglicht hat: man kann auf das Dach seines Hauses steigen. Außerdem hat uns die rationelle Anwendung des Stahlbetons dazu veranlaßt, an gewissen Stellen *Pfeilerkonstruktionen* anzuwenden, bei denen das Haus etwa drei Meter über dem Boden steht, mit einem geschützten Platz oder einem Garten unter dem Haus.
Die alte Mauer, die dick und platzraubend war und keine großen verglasten Maueröffnungen zuließ, haben wir, weil sie keine getrennte

Planung der verschiedenen Stockwerke erlaubte, durch eine halb so dicke Mauer ersetzt, die ein Luftpolster enthält und gesünder und besser isoliert ist als die alte Mauer. Der Portland-Zement hat den Stein, den Kalk und den Ziegel ersetzt.
Diese neue Mauer und die Weiterungen, die sich daraus ergaben, haben es ermöglicht, Maschinen auf der Baustelle einzuführen. Und das ist die wesentliche Reform: die genauere Ausführung und die gesenkten Baukosten. Und gleichzeitig ist das auch die schwierigste Reform im Bauwesen: Routine, Tradition und liebe Gewohnheiten leisten ihr Widerstand. Besonders in Pessac wurde die Einrichtung der Baustelle durch die Unfähigkeit eines Bauleiters behindert, und diese Unfähigkeit hatte den Widerstand aller Beteiligten, der Maurer, der Betonierer usw., zur Folge. Nur durch einen energischen Neuanfang im Juli 1925, bei dem alle zweifelhaften Personen von der Baustelle entfernt wurden, konnte der erste Teil unseres industriellen Programmes realisiert werden. Das, was Sie heute sehen, ist seit Ende Juli gebaut worden; das ergibt einen Durchschnitt von mehr als einem Haus pro Woche.
Der genormte Entwurf hat uns veranlaßt, ein Grundelement für Pessac festzulegen, und zwar eine Zelle von 5 × 5 m, die in 5 × 2,50 m aufgeteilt werden kann. Aus dieser Zelle haben wir das gesamte Projekt zusammengesetzt. Je nach seiner Größe enthält jedes Haus 6, 8, 9 oder 10 Zellen.
Die Zelle von 5 × 5 m erlaubte es uns, nur noch Fenster-Typen von 5 m, 2,50 m und 1,25 m zu verwenden, die alle auf einmal in der Fabrik hergestellt wurden; diese sehr verschiedenen Ausmaße bringen eine sehr große architektonische Vielfältigkeit mit sich, während gleichzeitig die notwendige Vereinheitlichung aufrechterhalten wird. Die Decken und die Dächer wurden von nun an alle nach einem gleichen Modell angefertigt, mit einheitlichen Betonträgern von 5 m Länge in allen Häusern. Und im folgenden sind wir dann genauso mit allen Treppen, mit den Kaminen usw. verfahren ... Die Normung erlaubte es, für jedes Einzelelement gewissenhaft nur das perfekteste Modell zu verwenden.
Wenn wir demnächst an die Ausführung der beiden letzten Bauabschnitte A und B gehen, können wir von den bis heute gemachten Erfahrungen profitieren. Und wir sind sicher, daß es uns gelingen wird, eine totale Industrialisierung der Bauten und eine totale Rationalisierung der Baustelle zu erreichen: Das wird der Qualität und dem Preis zugute kommen.
Von den Bauten in Pessac geht ein unerwarteter, neuer ästhetischer Eindruck aus. Aber diese Ästhetik ist legitim, sie ist einerseits durch die Erfordernisse der Konstruktion bedingt und zum anderen durch die ursprüngliche Basis jeder architektonischen Empfindung, den

Körper. Die Prismen, die sich einer neben dem anderen erheben, folgen den Regeln einer bestimmten Proportionierung; wir haben versucht, diese Beziehungen überzeugend und harmonisch zu gestalten. Auch in der Farbgebung sind wir einer ganz neuen Konzeption gefolgt, die ausschließlich den Zwecken der Architektur dient: den Raum mit Hilfe der Farbqualitäten zu gestalten, bestimmte Teile der Häuser zu betonen und andere verschwinden zu lassen, die Farbe als Gestaltungsmittel einzusetzen, wie wir dies mit den Formen getan haben. So ging die Architektur in den Städtebau über.
Dieses Programm, das wir hier nur summarisch darstellen konnten, hat uns mit dem Problem der billig zu errichtenden Wohnungen konfrontiert. Wir haben nichts zugelassen, was nicht absolut vernünftig war. Wir haben das Problem in der Weise behandelt, wie es oft in der Industrie behandelt wird: Das Flugzeug, das Auto usw. ..., das sind Maschinen zum Fliegen und zum Fahren. Wir haben versucht, die Wohnmaschine zu entwickeln.
Aber da in jedem Menschen ein Herz wohnt, haben wir erreichen wollen, daß dieses Herz fröhlich in dem Haus wohnen kann. Neben den bautechnischen Untersuchungen mußten wir hier also auch Untersuchungen aus der Sicht des Architekten durchführen.
Herr Frugès hat uns durch seine kühne Initiative, seinen unerschütterlichen Mut, den er in den schwierigsten Augenblicken bewiesen hat, und durch seine Ausdauer die Möglichkeit gegeben, ein ungewöhnliches Experiment durchzuführen. Pessac ist ein Laboratorium gewesen. Wenn das, was daraus hervorgegangen ist, nützlich und brauchbar ist, dann ist Herr Frugès glücklich, es denen anbieten zu können, die ein Haus brauchen, das wenig kostet, und die nicht selber eine Versuchsbaustelle wie diese hier einrichten können ...

(Auszug aus: »Le Corbusier und Jeanneret, zwei Weggefährten; 1910 bis 1929«, Zürich)
Pessac hat etwas von einem Roman von Balzac. Ein großzügiger Mann will seinem Land zeigen, daß die Wohnungsfrage gelöst werden kann. Die öffentliche Meinung revoltiert; Eifersucht greift um sich; alle, die mit dem Bauen zu tun haben, vom kleinen örtlichen Unternehmer bis zu den Architekten, sind beunruhigt über die neuen Methoden, die die einmal geschaffene Situation verändern könnten. Also entsteht nach und nach eine feindliche Atmosphäre. Das Dorf Pessac ist in weniger als einem Jahr von einem Pariser Bauunternehmen errichtet worden, das die unfähigen örtlichen Unternehmen ersetzt hatte. Aber schon 1926, nach Beendigung der Bauarbeiten, entstand ein passiver Widerstand seitens der Behörden, die die Befürwortung der Akten beim Straßenbauamt und also auch die Instal-

lation der Wasserleitung im Dorf veranlassen sollten. Erst danach aber konnte die Erlaubnis erteilt werden, zu vermieten oder zu verkaufen. Drei Jahre später, im Frühjahr 1929, sind die Akten noch immer nicht unterzeichnet, und seit drei Jahren steht das Dorf leer. Schließlich ist auf die energische Intervention des Ministers Loucheur hin eine Untersuchung durchgeführt worden, die dieses merkwürdige Abenteuer bis in seine Ursprünge zurückverfolgt hat und schließlich auf die fehlende Wasserleitung gestoßen ist. Hier haben wir eine schmerzliche und schwerwiegende Erfahrung, die in die Geschichte der »Idee« eingehen wird und die beweist, daß neuartige Initiativen die öffentliche Meinung vor den Kopf stoßen und daß die öffentliche Meinung den neuen Ideen den Krieg erklärt.

Literaturverzeichnis

Zeitungen und Zeitschriften:

Le Sud-Ouest économique, 23.–30. Juni 1926, »De Monzie inaugure les Quartiers Modernes Frugès«.
La France du Sud-Ouest, 1. September 1965.
La Tribune Pessacaise, 29. Januar 1928, »Le Quartier Frugès«.
La Petite Gironde, 18. Januar 1928, »Vers une industrialisation des chantiers de construction«.
Stein–Holz–Eisen, 21. Juli 1927, Frankfurt.
Mon chez Moi, 15. November 1926, »La machine à habiter«.
Le Nouveau Siècle, ohne Datum, »Les Quartiers Frugès à Pessac«.
L'Intransigeant, 25. Juni 1926.
Le Réveil du Nord, 30. Juni 1926, »Les maisons de demain«.
L'Architecture vivante, Herbst 1927, Le Corbusier, Pessac, S. 29–30, 9 Pläne und 4 Abb.
Werk, Februar 1927, »Die neuen Wohnviertel Frugès in Pessac (Bordeaux)«.
Architectural Design, Dezember 1965, »Pioneers of Modern Architecture«.
Journal of Society of Historians of Architecture, März 1965, »Le Corbusier's changing attitude toward form« (Peter Serenyi).

Bücher:

Alexander, Christopher: Notes on the Synthesis of Form. Harvard, 1966.
Auzelle, Robert: L'architecte. Paris, 1965.
Bachelard, Gaston: La poétique de l'espace.
Choay, Françoise: L'urbanisme, utopies et réalités. Paris, 1965.
Francastel, Pierre: Art et Technique. Paris, 1956.
Giedion, Siegfried: Space, Time and Architecture. Harvard, 1941.
Halbwachs: Morphologie sociale. 1946.
Haumont, Nicole: L'habitat pavillonnaire, La politique pavillonnaire, Les pavillonnaires. Paris, 1966.
Howard, Ebenezer: Garden Cities of Tomorrow. 1898, 1946. Dtsch. Ausgabe: Gartenstädte von morgen. Das Buch und seine Geschichte. Bauwelt Fundamente, Bd. 21.
Joedicke, Jürgen: Geschichte der modernen Architektur. Stuttgart, 1958.
Le Corbusier, Œuvre complète (Les Éditions d'Architecture. Zürich, 1965).
- Vers une architecture. Paris, 1923. Dtsch. Ausgabe: Ausblick auf eine Architektur. Bauwelt Fundamente, Bd. 2.
- Précisions sur l'état présent de l'architecture et de l'urbanisme. Paris, 1930.
- L'art décoratif d'aujourd'hui. Paris, 1925.
- Une petite maison. 1923.
- Les trois établissements humains. Paris, 1945.
- Almanach d'architecture moderne (revue de l'Esprit Nouveau). Paris, 1926.
- Entretien avec les étudiants des écoles d'architecture. Paris, 1943.
- Urbanisme. Paris, 1925
Lefebvre, Henri: Critique. de la vie quotidienne. Paris, 1961.
Lurçat, André: Architecture. Paris, 1928.
Lynch, Kevin: The Image of the City. Cambridge, Mass., 1960. Dtsch. Ausgabe: Das Bild der Stadt. Bauwelt Fundamente, Bd. 16.
Pevsner, Nicolaus: An Outline of Modern Architecture. 6. Auflage, Baltimore, 1960.
- Pioneers of Modern Design from William Morris to Walter Gropius. Harnondsworth, 1960.
Rasmussen, Eiler: Experiencing Architecture. Cambridge, 1959.
Veronesi, Giulia: J. J. Peter Oud. Milano, 1953.
Zevi, Bruno: Storia dell'architettura moderna. Torino, 1961.
- Saper veder l'architettura.

In Lège bei Arcachon hat
Le Corbusier etwa ein Dutzend
Häuser für Henri Frugès gebaut.
Diese Häuser sind praktisch
der Prototyp der Häuser von
Pessac; auch an ihnen sind
wesentliche Veränderungen
vorgenommen worden.

16–19 Die Häuser haben eine Verwandlung zum Ländlichen hin erfahren, die noch entstellender ist als die vorstädtische Umprägung der Siedlung Pessac. Alle Dachterrassen wurden durch Dächer ersetzt, die Fenster schmaler gemacht. 16 und 17 (oben) ursprünglicher und gegenwärtiger Zustand. 19: Hin und wieder erkennt man trotz allem noch die kubischen Formen Le Corbusiers (rechts)

Pessac: Einige Straßenansichten des Viertels; sie zeigen die Verschiedenartigkeit der Typen, die der Architekt aus »identischen Zellen« zusammengesetzt hat.

20 (linke Seite oben) Rue des Arcades: die benachbarten einzelnstehenden Häuser sind durch »Arkaden« zu einer Zeile zusammengeschlossen. Im Hintergrund eine Arkade, die geschlossen worden ist (Typ 2)
21 (oben) Der Architektur-Historiker Giedion schreibt über dieses Bild: »In diesem experimentellen Werk aus seiner Anfangszeit spielt Le Corbusier mit den Wandflächen, den Baukörpern, dem Licht, dem Schatten und der Farbe. Ihm folgten bald Lösungen von großer Meisterschaft.« (S. Giedion, Space, Time and Architec Cambridge, Mass.)
22 (oben) Rue Le Corbusier: Übernebeneinander gesetzt, bilden die glei Zellen zweigeschossige Doppelhäuser (Ty
23 (unten) In dieser Zeile ist nicht ein ziges »langes Fenster« erhalten geblieben Spuren des ursprünglichen Formats sind zweiten Haus von links deutlich zu erkennen

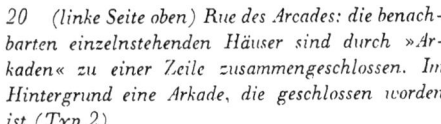

Oben: die fortlaufende Reihe gleichartiger Fassaden (24) . . .

. . . ist durch ein diskontinuierliches Nebeneinander individueller Fassaden ersetzt worden (untere Reihe, 25-27)

28, 29 (rechts oben und Mitte) Eine »échoppe bordelaise«, die 1930, das heißt unmittelbar nach der Fertigstellung der »Quartiers Modernes Frugès« gegenüber der neuen Siedlung errichtet worden ist. Auf dem unteren Bild erkennt man deutlich den Anbau an der Hinterfront der »échoppe«

30, 31 (linke Seite oben) Der Lagerraum, der im Erdgeschoß vorgesehen war, ist zur Garage umgebaut worden (Typ 1)
32, 33 (linke Seite Mitte und unten) Verkürzung des breitgelagerten Fensters und Schließen des Raumes unter den Pfeilern (Typ 2)
34–38 (unten und rechts) Die Vielfarbigkeit der ursprünglichen Einheiten ist verschwunden, dafür ist eine andere entstanden: die beiden Teile der Doppelhäuser, die ursprünglich in einem einzigen Baukörper integriert waren, sind deutlich zu unterscheiden (Typ 3)

1 Oben: ursprünglicher Zustand
Gartenseite von Typ 3 (aus: Le Corbusier
Pierre Jeanneret, Œuvre complète,
1910-29. Les Editions d'Architecture,
Zürich)

Unten links: Mit Ausnahme des Dachgesimses ist die Fassade unverändert

Unten rechts: von den ausgewogenen Proportionen ist nichts mehr übrig geblieben

42, 44, 45 (oben und unten) Der ursprüngliche Eindruck von der Architektur wird durch das Verändern der Öffnungen, das Schließen der Terrasse, die Abdeckungen und Anbauten und schließlich durch den Verfallszustand völlig zerstört (Typ 3)

43 (rechts) Die Transparenz, die durch die Abfolge der Terrassen erreicht worden war, ist durch die Wirkung der an jeder der Terrassen vorgenommenen Veränderungen völlig verschwunden

46–48 Der Bogen, der die benachbarten Häuser verbindet, schafft einen freien Raum, der auf verschiedene Weise genutzt, zuweilen sogar vollständig ausgefüllt worden ist (Typ 2)

49–52 (rechte Seite) Die Führung der Treppe an der Fassade dieses einzelnstehenden Hauses (Typ 6) entlang macht es zu einer der schönsten Schöpfungen Le Corbusiers. Wir haben von den Bewohnern dieses Hauses kein Interview erhalten können. Dennoch kann man die Veranda wohl als eine Betonung dieses Bauelementes betrachten, die als solche begriffen wird. Der Raum zwischen den Pfeilern ist wie in den anderen Häusern geschlossen worden, und auch die Terrasse ist teilweise überdacht, aber die querformatigen Fenster sind erhalten geblieben (Bild 49 aus: Giedion, Space, Time and Architecture. Harvard University Press, Mass.)

Verschönerungen: Die einzelnen Elemente sind den verschiedensten Stilen entnommen, aber nie dem kubistischen *(53–56)*

Begrünung: Die Grundstücksbepflanzung ist ein weiteres Mittel, seine Individualität im Wohnen auszudrücken *(57–60)*

64–66   ...die andere eher verkommen (Typ 1)

(Fotos 1967 vom Autor aufgenommen)

Unterschiedlicher Gesamteindruck in den Zonen A und B

61–63 Die eine Zone wirkt ansprechend und gepflegt . . .

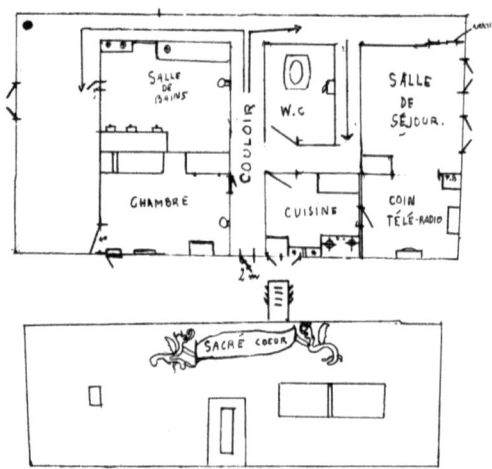

67 Grundriß eines Hauses, von dem etwa zehnjährigen Sohn eines Architekten aus Pessac gezeichnet; dieser wohnt in einem modernen Haus, bei dem die Innenräume ineinander übergehen und es also gar keinen Flur gibt: Der zentrale Flur entspricht dem Standardtyp der »échoppe«

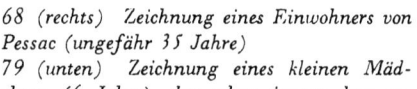

68 (rechts) Zeichnung eines Einwohners von Pessac (ungefähr 35 Jahre)
79 (unten) Zeichnung eines kleinen Mädchens (6 Jahre), das schon immer dort gewohnt hat: es zeichnet ein normales Haus mit einem Dach

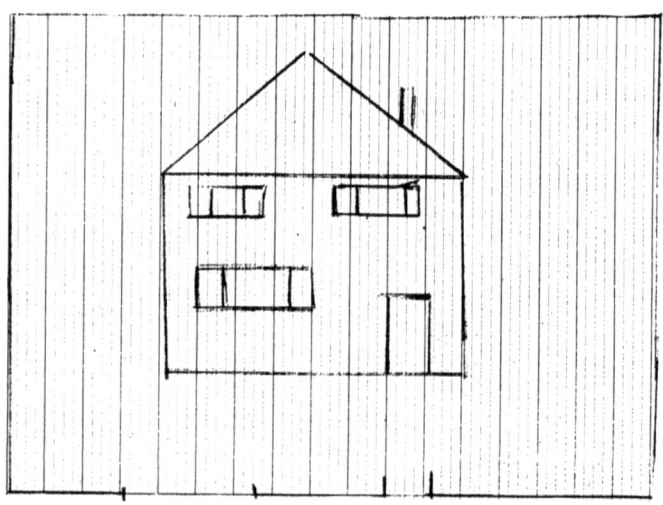

Bauwelt Fundamente

1 Ulrich Conrads, Programme und Manifeste zur Architektur des 20. Jahrhunderts · 180 Seiten, 27 Bilder

2 Le Corbusier, Ausblick auf eine Architektur · 216 Seiten

3 Werner Hegemann, Das steinerne Berlin · Geschichte der größten Mietskasernenstadt der Welt · 344 Seiten, 100 Bilder

4 Jane Jacobs, Tod und Leben großer amerikanischer Städte · 221 Seiten

5 Sherman Paul, Louis H. Sullivan · Ein amerikanischer Architekt und Denker · 164 Seiten

6 L. Hilberseimer, Entfaltung einer Planungsidee · 140 Seiten

7 H. L. C. Jaffé, De Stijl 1917–1931 · Der niederländische Beitrag zur modernen Kunst · 272 Seiten

8 Bruno Taut, Frühlicht – Eine Folge für die Verwirklichung des neuen Baugedankens · 224 Seiten, 240 Bilder

9 Jürgen Pahl, Die Stadt im Aufbruch der perspektivischen Welt · 176 Seiten, 86 Bilder

10 Adolf Behne, Der moderne Zweckbau · 132 Seiten, 95 Bilder

11 Julius Posener, Anfänge des Funktionalismus · Von Arts and Crafts zum Deutschen Werkbund · 232 Seiten, 52 Bilder

12 Le Corbusier, Feststellungen zu Architektur und Städtebau · 248 Seiten, 230 teils farbige Bilder

13 Hermann Mattern, Gras darf nicht mehr wachsen · 12 Kapitel über den Verbrauch der Landschaft · 184 Seiten, 40 Bilder

14 El Lissitzky, Rußland: Architektur für eine Weltrevolution · 208 Seiten, 116 Bilder

15 Christian Norberg-Schulz, Logik der Baukunst · 308 Seiten, 118 Bilder

16 Kevin Lynch, Das Bild der Stadt · 216 Seiten, 140 Bilder

17 Günter Günschel, Große Konstrukteure · Freyssinet – Maillart – Dischinger – Finsterwalder · 276 Seiten, 172 Bilder

19 Anna Teut, Architektur im Dritten Reich 1933–1945 · 392 Seiten, 56 Bilder

20 Erich Schild, Zwischen Glaspalast und Palais des Illusions · Form und Konstruktion im 19. Jahrhundert · 224 Seiten, 157 Bilder

21 Ebenezer Howard, Gartenstädte von morgen · Ein Buch und seine Geschichte · 198 Seiten, 35 Bilder

22 Cornelius Gurlitt, Zur Befreiung der Baukunst · Ziele und Taten deutscher Architekten im 19. Jahrhundert · 166 Seiten, 19 Bilder

23 James M. Fitch, Vier Jahrhunderte Bauen in USA · 330 Seiten, 247 Bilder

24 »Die Form« – Stimme des Deutschen Werkbundes 1925–1934 · 360 Seiten, 34 Bilder

25 Frank Lloyd Wright, Humane Architektur · 274 Seiten, 54 Bilder

26 Herbert J. Gans, Die Levittowner · Soziographie einer »Schlafstadt« · 368 Seiten

27 Über die Umwelt der arbeitenden Klasse · Aus den Schriften von Friedrich Engels · 238 Seiten, 23 Bilder

28 Philippe Boudon, Die Siedlung Pessac – 40 Jahre Wohnen à Le Corbusier · Sozio-architektonische Studie · 180 Seiten, 70 Bilder

29 Leonardo Benevolo, Die sozialen Ursprünge des modernen Städtebaus · Lehren von gestern – Forderungen für morgen. 172 Seiten, 72 Bilder

30 Erving Goffman, Verhalten in sozialen Situationen · Strukturen und Regeln der Interaktion im öffentlichen Raum · 228 Seiten

31 John V. Lindsay, Städte brauchen mehr als Geld · New Yorks Mayor über seinen Kampf für eine bewohnbare Stadt · 180 Seiten

Bertelsmann Fachverlag

Bei Fragen zur Produktsicherheit wenden Sie sich bitte an:
If you have any questions regarding product safety,
please contact:

Birkhäuser Verlag GmbH
Im Westfeld 8
4055 Basel, Schweiz
productsafety@degruyterbrill.com